리디파이닝 REDEFINING

BOOK
JOURNALISM

리디파이닝 REDEFINING

발행일 ; 제1판 제1쇄 2023년 8월 2일
지은이 ; 남대일 · 김주희 · 정지혜 · 스브스프리미엄 정명원
발행인 · 편집인 ; 이연대
CCO ; 신아람 에디터 ; 이현구
디자인 ; 권순문 지원 ; 유지혜 고문 ; 손현우
펴낸곳 ; ㈜스리체어스 _ 서울시 중구 한강대로 416 13층
전화 ; 02 396 6266 팩스 ; 070 8627 6266
이메일 ; hello@bookjournalism.com
홈페이지 ; www.bookjournalism.com
출판등록 ; 2014년 6월 25일 제300 2014 81호
ISBN ; 979 11 983837 5 4 03320

책값은 뒤표지에 표시되어 있습니다.

북저널리즘은 환경 피해를 줄이기 위해
폐지를 배합해 만든 재생 용지 그린라이트를 사용합니다.

BOOK
JOURNALISM

리디파이닝 REDEFINING

남대일 · 김주희 · 정지혜
스브스프리미엄 정명원

; 개척자들은 공통점이 있었다. 이들은 각자의 영역에서 이용자들이 그간 가지고 있던 불만을 기술로써 어떻게 해결할 수 있을까에 치열하게 집중했다. 그 과정에서 수월하게 꽃길만 걸은 개척자는 단 한 명도 없었다. 끝없이 사용자 경험을 재정의하며 문제를 풀어냈더니 어느 순간 폭발적인 반응을 얻었고 시장 개척이라는 결과로 이어졌다.

차례

09 **프롤로그 ; 새 시장을 개척한 사람들의 살아 있는 노하우**

스브스프리미엄 프로젝트 '개척자들'의 탄생

개척자들은 공통점을 갖고 있었다

15 **1 _ 토스, 금융은 쉬워야 한다**

새로운 고객을 창출하다

8전 9기로 탄생한 토스

성장통과 캐시 버닝

토스는 어떻게 허들을 넘었나

수익 구조 개선 전략

개척자 토스가 그리는 혁신

토스 팀의 DNA

47 **2 _ 당근마켓, 동네가 곧 커뮤니티다**
동네의 가치를 재조명하다
6킬로미터, 하이퍼 로컬의 조건
중고나라, 번개장터 그리고 당근마켓
독특한 수익 구조
지역 광고라는 가능성
악성 게시물과의 전쟁
성장통을 넘어, 세계로

77 **3 _ 리멤버, 명함은 커리어다**
명함 관리의 대안을 제시하다
혁신을 위한 무모한 도전
명함 앱에서 스카우트 강자로
링크드인을 넘어선 비결
리쿠르팅 서비스와 커뮤니티
리멤버의 수익 구조
2000만의 서비스를 향해

111 **4 _ 오늘의집, 내 마음에 들어야 인테리어다**
인테리어에 취향을 반영하다
지인의 집에서 얻은 아이디어
콘텐츠에서 커머스, 그리고 중개로
인테리어 레드오션 공략하기
성장통과 변곡점
버티컬 플랫폼에서 슈퍼 앱으로
라이프 스타일을 완성하다

145 **5 _ 런드리고, 세탁은 숙제가 아니다**
아웃풋이 아닌 과정을 혁신하다

의식주컴퍼니의 탄생 비화
가사를 여가로 바꾸다
공급자 관점에서 벗어나기
고객 경험에 집착하는 이유
시행착오로 빚은 전례 없는 시스템
우리의 경쟁자는 세탁기다

185 **주**

189 **북저널리즘 인사이드 ; 디테일은 진단에 있다**

남대일은 고려대학교 경영대학의 교수로 재직 중이다. 워싱턴주립대학에서 경영전략과 기업가정신으로 박사 학위를 받았고 기획재정부 혁신성장본부 자문위원 등을 맡고 있다. 주요 저서로는《101가지 비즈니스 모델 이야기》가 있다.

김주희 동덕여대 문화지식융합대학 교수로 재직 중이다. 고려대학교 경영학과에서 박사 학위를 받았고 고려대학교 기업경영연구원 연구 위원을 거쳐 국민대학교 혁신기업연구센터에서 연구 본부장을 역임했다.

정지혜는 대덕벤처파트너스 수석 팀장이다. 미국 아이오와주립대학교 경영학과를 졸업 후 고려대학교 경영학과 석사 과정을 졸업했다. 현재 과학의 도시 대전에 위치한 벤처 캐피탈에 재직 중이다.

정명원은 SBS 디지털뉴스 기획부장이자 구독 모델 TF 총괄이다. 경제학 석사이자 25년 차 기자로 SBS 탐사보도 팀장, 8뉴스 부장, 뉴미디어뉴스 부장을 역임했다. 한국방송대상 대상, 한국기자상 등 외부 기자상을 23회 수상했다.

프롤로그

새 시장을 개척한 사람들의 살아 있는 노하우

스브스프리미엄 프로젝트, '개척자들'의 탄생

"뭐가 달라도 다르겠쥬~" 가끔 TV에서 볼 수 있는 한 광고 카피다. 처음 들었을 땐 다소 유치하게 느껴졌는데 자꾸 보니 소비자들에게는 기억되기 쉬운 '잘 쓴 카피'라는 생각이 들었다. 지난 2022년 지상파 방송사 SBS가 처음으로 시도한 프리미엄 지식 구독 플랫폼 '스브스프리미엄'을 기획·개발하고, 콘텐츠를 준비하면서 저 문구가 의외로 강력하게 다가왔다. 기존 미디어 서비스와 '뭐가 달라도 다른' 콘텐츠를 기획한다는 건 쉽지 않은 일이었기 때문이다.

스브스프리미엄의 타깃 그룹은 젊은 층이다. 이들의 관심 영역 중 하나인 스타트업 관련 콘텐츠를 기획하며 다시 한번 같은 고민에 빠졌다. 업계에서 아는 사람들은 다 알지만 사실 기존 스타트업 관련 기사나 콘텐츠들은 주로 광고 형식으로 만든 홍보성 기사거나, 해당 업체가 직접 생산한 책 혹은 콘텐츠들이 많았다. 그런 콘텐츠와는 차별화한 접근이 필요했다. 그래서 단순히 스타트업을 소개하는 콘텐츠가 아니라 우리 사회에서 새 비즈니스 영역을 개척했던 스타트업 20곳을 신중히 선정하고, 그 스타트업의 비즈니스 모델과 과제를 전문가들이 분석하며 스브스프리미엄 팀이 직접 개척자들을 만나 심층 인터뷰를 하는 입체적인 접근을 기획했다.

《성공하는 스타트업을 위한 101가지 비즈니스 모델 이

스브스프리미엄이 선정한 20곳의 개척자들 ©SBS

야기》라는 베스트셀러를 냈던 고려대학교 경영대학 남대일 교수 연구팀이 비즈니스 모델 분석을 맡아 프로젝트를 함께 했다. 스브스프리미엄 팀은 개척자들을 직접 만나 객관적인 분석 내용에 대한 그들의 입장과 해당 스타트업에 궁금한 내용을 심층 인터뷰했다. 그렇게 '프로젝트 개척자들'은 진행됐다.

개척자들은 공통점을 갖고 있었다

이 책에서는 스프(스브스프리미엄)가 만난 개척자들 20개 스타트업 가운데 우리 일상을 바꾼 다섯 곳을 조명한다. 심층 인터뷰를 하며 흥미로웠던 점은 거의 모든 개척자들의 이야기엔 공통점이 있다는 것이다. 몇 가지를 꼽아 본다면 첫째, 개척자들은 오프라인에서 이뤄지는 이용자들의 행동이 모바일의 등장으로 달라질 것이라는 점을 확신했다. 둘째, 자신들이 개척하려는 서비스 영역에서 이용자들이 그간 가지고 있던 불만을 어떻게 기술을 통해 해결할 수 있을까에 치열하게 집중했다. 셋째, 그 과정에서 수월하게 꽃길만 걸은 개척자는 단 한 명도 없었다. 꺾이지 않는 마음으로 끝없이 사용자 경험을 '재정의redefining'하며 문제를 풀어냈더니, 어느 순간 폭발적인 반응을 얻었고 시장 개척이라는 결과로 이어졌다.

스프가 만난 개척자들은 모바일의 등장이라는 중요한 변곡점을 초기부터 주목했고 그 무대에서 활동을 준비했다. 그렇다면 모바일 시대 이후 판을 바꿀 변곡점은 무엇이 될까? 그 자리를 대신하겠다며 유행처럼 지나갔던 여러 기술이 있었지만 실제 모바일 수준의 파급력을 가져온 건 없었다. 무엇이 될지 아직은 알 수 없지만 이용자 대부분의 일상 행동이 결국 모이게 될 '게임 체인저'에 끊임없이 관심을 갖는 것은 개척을 꿈꾸는 분들에게 필요한 자세일 것 같다.

지난 10년 동안 한국에서만 150만 명의 창업자가 탄생할 정도로 스타트업 시장의 성장세는 가팔랐다. 그러나 저금리 시대라는 흐름 속에 상대적으로 자금 조달이 쉬웠던 여건에서 성장한 스타트업 신scene은 이제 한파를 맞고 있다. 버티기 어려운 고금리 시대를 첫 경험으로 맞이하는 개척자들도 있다. 이 난관을 과연 기업들이 어떻게 돌파해 낼지 개인적으로 주목하고 있다.

개척자들 프로젝트는 개척자들을 조명하고 싶다는 취지에 공감하면서 '지인 찬스'에 넘어와 준 남대일 교수와 연구팀(김주희 동덕여자대학교 문화지식융합대학 교수, 정지혜 대덕벤처파트너스 수석 팀장)이 없었다면 깊이 있는 분석을 담지 못했을 것이다. 무엇보다 기꺼이 인터뷰에 응해 준 20명의 개척자들이 있었기에 완성할 수 있었다. 분량 부담이 있었지만 가급적 그들의 인터뷰 내용은 다 담으려고 노력했다. 또 다른 개척을 꿈꾸는 누군가에겐 인생을 바꾼 인터뷰가 될 수도 있다는 마음에서였다. 개척자들의 조언을 꼭 담았던 이유이기도 하다. 스브스프리미엄 앱 출시를 앞두고 정신이 없던 상황임에도 이를 책으로 잘 엮어 준 북저널리즘 이연대 대표와 이현구 선임 에디터에게도 글을 통해 고마움을 전한다.

정명원 SBS 디지털 뉴스 기획부장

스브스프리미엄 총괄

1 토스, 금융은 쉬워야 한다

새로운 고객을 창출하다

혁신적인 비즈니스 모델의 창출은 어떻게 가능한가? 미국 하버드경영대학원 교수 탈레스 S. 테이셰이라Tales. S. Teixeira 교수는 저서《디커플링》에서 '기술 혁신'이 아닌 '고객 중심의 관점'을 통해 혁신적인 비즈니스 모델 구축이 가능하다고 했다. 즉, '기술'이 아닌, '고객 주도형 혁신'의 비즈니스 모델을 통해 비즈니스 생태계의 흐름이 바뀔 수 있다는 것이다. 또한 고객 주도형 혁신으로부터 발생하는 가치 창출의 기회를 포착하기 위해 '디커플링decoupling'을 통한 '디스럽션disruption'에 주목해야 한다고 주장했다.[1]

한국에서는 그간 핀테크 비즈니스에 대해 '어렵다' 혹은 '한국의 금융 산업에서는 급진적인 혁신이 탄생하기 어렵다'는 의견이 팽배했다. 그러나 이러한 편견을 깨고 고객 주도형 비즈니스 모델을 통해 핀테크를 개척한 기업이 있다. 현재 핀테크 서비스 분야의 유니콘이며 데카콘을 향해 성장해 나가고 있는 비바리퍼블리카 토스toss다. 토스는 복잡한 절차 없이 간편한 계좌 이체를 할 수 있는 송금 서비스를 선보였다. "계좌 이체해"라는 말 대신 "토스해"라는 신조어를 만들어 낼 정도로 소비자들의 마음을 사로잡으며 금융 시장의 '디스럽터disrupter'로 등장했다.

기존 서비스의 경우, 모바일 뱅킹을 하기 위해서는 앱

금융 서비스의 가치 잠식 활동

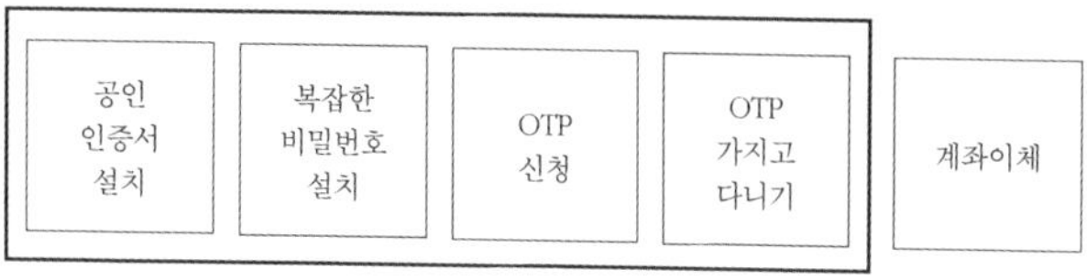

공인 인증서 설치	복잡한 비밀번호 설치	OTP 신청	OTP 가지고 다니기	계좌이체

이나 PC에서 공인 인증서를 설치하고, OTP를 신청해 발급받은 후 복잡한 비밀번호를 설정해야 하는 번거로움이 있었다. 게다가 상대방의 계좌 번호를 정확히 입력해야만 송금이 가능했기 때문에 복잡한 계좌 번호를 입력해야 하는 불편함이 존재했다. 이처럼 별다른 가치를 창출하지도, 대가를 부과하지도 않는 활동을 '가치 잠식 활동'이라고 한다. 고객들은 토스가 등장하기 전 가치 잠식 활동이 대부분을 차지하고 있던 금융 서비스를 수수료까지 내가며 이용해야 했다.

토스는 송금 서비스를 이용하는 고객들의 가치 활동을 분석했다. 그 결과, "비즈니스의 목적은 고객을 창출하는 것이다"라는 미국 경영학자 피터 드러커Peter Drucker의 격언처럼, 새로울 것이 없어 보였던 송금 서비스 분야에서 새로운 고객을 창출했다. 서비스 플로우를 파악하기 위한 고객 여정 지도customer journey map를 그려 보면 토스가 고객의 '가치 잠식'되는 부문을 얼마나 줄였는지 더욱 명확히 이해할 수 있다. 토스가

토스 등장 이전의 '고객 여정' 지도

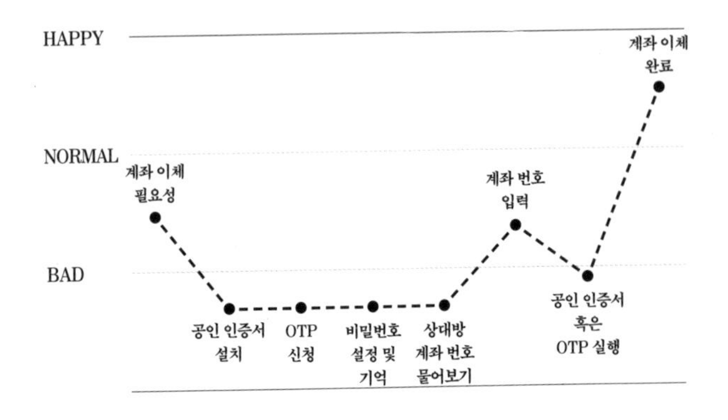

서비스를 론칭한 이후의 고객 여정 지도를 살펴보면, 이전의 고객에게 불편함을 유발했던 불필요한 공인 인증서 설치-OTP 신청-복잡한 비밀번호-상대방 계좌 번호 물어보기의 과정들이 사라지고, 앱에서 전화번호만으로 계좌 이체가 가능해짐으로써, 고객의 문제pain point가 많이 줄어들었다는 것을 알 수 있다.

토스가 창업할 당시 핀테크 비즈니스는 글로벌 투자 시장에서 많은 가능성을 인정받고 있었지만 한국에서는 불확실성이 높다고 여겨졌다. 핀테크를 만들 기회는 얼마든 있었음에도 라이선스 없이는 금융 서비스를 론칭하는 것이 불가능할 것이라는 고정 관념이 IT 업계 내에 팽배했기 때문이다. 토

토스 등장 이후의 '고객 여정' 지도

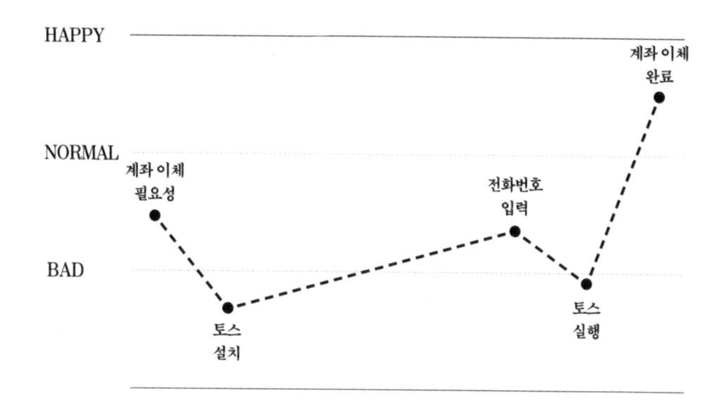

스는 이러한 고정 관념에 대해 "고객에 대한 진정성"이 있으면 깨뜨릴 수 있다는 믿음을 버리지 않았다. 이제껏 고객들이 감수해 온 일상에서의 불편함을 바꿔 나가는 데 집중함으로써, 토스는 결국 핀테크라는 영역의 개척자가 되었다.

등장부터 현재까지 강렬한 인상을 남긴 덕에 토스의 이야기를 궁금해하는 이들도 많다. 이에 토스는 2021년 유튜브에 50분짜리 다큐멘터리를 공개하기도 했다. 1982년생인 이승건 비바리퍼블리카 대표는 서울대 치의학과를 졸업하고 2008년부터 삼성의료원에서 전공의 생활을 시작한다. 이후 3년간 전남 목포에서 배로 두 시간 떨어진 외딴섬 암태도에서 지냈다. 공중 보건의로 군 대체 복무를 하며 그는 수백 권의 책을 읽었다고 전해진다.

수많은 인문학 서적을 읽는 와중에서도 특히 그를 매료시킨 것은 프랑스의 계몽주의 철학자 장 자크 루소의 공화주의Republicanism다. 루소는 대표적인 사회 계약론자로 세상을 더 나아지게 하려면 모두가 사회 참여에 나서야 한다고 주장한 바 있다. 여기에 감복한 이 대표는 2013년 공중 보건의 소집 해제 바로 다음 날 사업자 등록증을 낸다. 회사 이름인 비바리퍼블리카Viva Republica는 '공화국 만세'라는 뜻으로 프랑스 대혁명 당시 민중이 외치던 구호다.

토스의 비즈니스를 이해하기 위해서는 이승건 대표의 철학을 따라가는 것이 필요하다. '세상을 더 나아지게 하는 데 동참하는 것'이 토스 비즈니스의 핵심이기 때문이다. 토스가 제시한 것은 바로 이 철학이 담긴 미션의 결정체다. '사람들이 가장 불편해하는 것을 고침으로써 더 나은 삶을 살 수 있게 하는 것.'

물론 토스가 처음부터 완벽한 계획을 들고나와 시장을 성공적으로 장악한 것은 아니다. 모든 개척에는 부침이 있다. 스브스프리미엄은 서현우 토스 최고 전략 책임자CSO를 만나 핀테크 출시의 배경과 초기의 구상을 물었다.

8전 9기로 탄생한 토스

"금융 산업은 혁신이 어렵다", "한국에서 핀테크가 되겠냐" 같은 말이 이 시장에서 지배적 의견이었다. 초창기 토스는 어떤 가능성을 보고 핀테크에 주목했나?

초기 창업팀은 사실 핀테크를 하겠다, 우리나라에 금융을 혁신하겠다 같은 생각을 가지고 비바리퍼블리카를 창업하진 않았다. 이미 사람들의 삶 속에 들어와 있는 모바일에서 어떤 특정 앱을 하나 만들겠다, 그걸 통해 모바일로 사람들에게 영향력을 주는 일을 해보겠다는 생각이었다. 그 과정에서 사실 많은 실패를 했다. 초기 창업 팀의 기준에서 토스는 아홉 번째 아이템이다. 여덟 개나 되는 아이템은 다 망했다.

앞선 아이템들은 비슷한 사업 계열이었나?

전부 달랐다. 모바일 앱이라는 공통점뿐이었다. 실패가 거듭되니 마음가짐도 점점 바뀌어 갔다. 그전에는 이런 거 좀 한번 해볼까? 이거 좋은 것 같은데? 라는 생각으로 접근했다. 그러다 정말 사람들이 원하는 서비스를 제대로 한번 만들어 보고 싶어졌다. 어떤 것을 해야 사람들에게 큰 영향을 주고, 사람들

서현우 토스 최고 전략 책임자(CSO) ©SBS

이 좋아하고, 정말 문제를 해결하는 것인지 고민한 끝에 논의된 것 중 하나가 '간편 송금'이라는 영역이었다. 이때부터 핀테크로 닻을 올렸다. 간편 송금 문제를 혁신한다면 큰 성취겠다, 대박이겠다 이런 기대감으로 몰입했던 것 같다.

당시 핀테크의 어떤 가능성을 봤냐고 한다면 글로벌 사례였다. 미국은 당시 벤모Venmo라든지 스퀘어사의 캐시앱Cashapp이라든지, 이미 송금과 결제 영역에서 혁신 사례가 나오고 있었고 사람들이 열광하는 서비스로 커가고 있었다. 한국에도 분명히 금융 영역이 오프라인에서 온라인으로 전환되는 트렌드가 올 것으로 생각했다.

토스는 단기간에 엄청난 성장을 거둔다. 월 이용자 수가 1500만 명가량으로 국내 금융 앱 중 1등인데 주 고객은 20~30대다. 처음부터 이들을 겨냥해 전략을 세웠나.

20~30대만을 겨냥한 적은 없다. 그냥 금융 하면 토스를 떠올리는 그런 세상을 만들어보려는 것에 가까웠다. 금융에서 일어나는 모든 불편함과 불합리함을 개선해 베니핏(이익)을 주면 그러한 인식을 만들 수 있겠다고 생각했다.

사실 초기 타깃과 확장 전략은 핀테크 사업의 특수성과 맞닿아 있다. 송금 서비스를 제공하려면 은행들과 연동을 해야 하는데 초기엔 은행들이 연동을 잘 안 해줬을 거 아닌가. 특히 큰 은행들이 그랬다. 처음에 가까스로 기업용 은행 서비스인 펌뱅킹firm banking을 기업은행과 연계했고 그다음에 부산은행, 경남은행 이렇게 연계를 하면서 컸다. 그러다 보니 자연스레 해당 은행들의 고객을 타깃으로 삼았다. 일례로 울산에 있는 유니스트UNIST라는 대학교가 경남은행을 썼는데 그러면 거기 학생들은 다 경남은행 계좌가 있을 것 아닌가. 그러면 유니스트에 가서 홍보하고 마케팅하는 식으로 이용자를 모았다. 즉, 전략을 갖고 20~30대를 겨냥했다기보다는 고객이 있는 곳을 겨냥한 것이다.

물론 20~30대 위주로 먼저 성장한 건 맞다. 서비스 초기, 토스의 서비스에 훨씬 더 열광한 건 20~30대다. 당시 인터넷 뱅킹의 송금은 액티브엑스ActiveX도 설치하고 공인 인증서도 깔아야 하는 등 무려 8~9단계를 거쳐야 했다. 우리는 이걸 세 단계로 줄였다. 이런 간편함이 20~30대에 훨씬 더 빠르게 소구됐다. 송금을 주로 많이 하는 게 20~30대기도 했다. 현재 대한민국 20대 인구의 85퍼센트, 30대의 72퍼센트, 40대의 57퍼센트가 토스 이용자다.

젊은 층을 타깃한 이벤트가 많기도 했다.

초기의 이벤트를 모아 보면 20~30대의 여러 요소가 섞인 복합물 같기도 하다. 구전 마케팅 방식인 리퍼럴referral이 주효했고 공유하기 좋은 형태의 이벤트[2]가 많았다. 아무래도 젊은 층이 훨씬 더 반응하는 이벤트였는데 그게 곧 모바일에 더 적합한 형태기도 했다. 아무래도 메인 서비스인 간편 송금이 젊은 층에 호소력이 있으니 이벤트 역시 그걸 따라가는 모양새였다. 그런데 자연스레 서비스를 확장하다 보니 서비스마다 주요 이용 연령도 다양해졌다. 토스 증권, 토스 뱅크, 토스 페이먼츠 등이 제공하는 서비스는 30~50대가 많이 쓰지 않겠나. 이렇게 서비스 확장이 연령의 다양화로 이어지며 성장하는 것도 토스에서 나타난 하나의 경향성이다.

성장통과 캐시 버닝

간편 송금으로 출발한 토스는 우리나라 핀테크 분야에서 단연 선두 자리를 차지하고 있다. 국내 빅데이터 분석 플랫폼인 모바일인덱스인사이트에 따르면 2022년 5월 기준 스마트폰 사용자는 약 1300만 명이며 1인당 월평균 사용일은 14.8일로 나타났다. 토스는 간편 송금 이후 2021년 3월엔 토스 증권, 같은 해 10월엔 토스 뱅크를 출시하면서 지속적으로 사용자를 끌어모았다. 현재는 주요 뱅킹 서비스 제공자인 카카오뱅크, KB스타뱅킹, 신한 쏠, NH스마트뱅킹보다 많은 사용자를 유치하며 1위 자리를 유지하고 있다.

토스의 간편 송금 서비스를 지금은 모두가 당연하게 받아들이지만, 사업 초기에는 많은 어려움이 있었다. 토스가 핀테크 서비스를 선보인 것이 단지 어떤 기업이 서비스 하나를 론칭한 것이라고만 평할 수 없는 이유다. 그 과정에는 불가능한 것을 가능하게 만든 진정한 개척자의 모습이 담겨 있다. 토스는 그간 가시밭길을 걸었다. 첫 번째 난관은 서비스를 론칭한 2014년에 찾아왔다. 당시 은행 자동 출금 서비스CMS를 개인 간 송금에 이용할 수 없다는 규정 때문에 서비스에 제동이 걸린 것이다.

CMS는 단일 접속만으로 전체 거래 은행의 펌뱅킹 서비스를 제공받을 수 있는 시스템이다. 은행을 거치지 않은 개인 송금에 이를 허가받는 건 도전적인 과제였다. 결국 토스는 서비스를 폐쇄해야 했다. 관련 라이선스를 따는 데 드는 비용은 자본금 10억 원이었는데 당시 한국에선 핀테크 서비스가 불가능했기 때문에 투자를 유치하는 데에도 어려움이 따랐다.

신대륙을 발견했지만, 가는 길이 막힌 상황. 개척자 토스는 포기하거나 원망하지 않았다. 대신 신대륙에 닿는 방법을 찾는 데에 집중했다. 우선은 핀테크라는 시장에 대한 이해를 높여 나가고 이후 핀테크 비즈니스의 정당성을 확보하고자 필요성을 강변하는 데 집중했다.

2019년 5월 23일에 열린 '코리아핀테크위크 2019'에서 강연자로 나선 이승건 대표의 발언에 당시의 생각이 녹아 있다. 보도에 따르면 그는 "보통 기업이라면 하지 않았을 일이지만 우리 사회에 꼭 필요하다고 생각했다"라고 밝혔다. 토스가 폐쇄된 1년 동안의 이야기도 전했다. "1년 넘게 규제 개선 요청과 핀테크를 세상에 알리는 일을 했다. 그 결과 2015년 1월 청와대에서 직접 대통령께 업무 보고를 할 수 있는 기회가 생겼고 그날을 계기로 여러 규제가 풀렸다."[3] 실제로 토스가 핀테크 서비스의 실현 가능성을 선보이자, 후발 핀테크 기업들이 생겨나기 시작했다. 핀테크 불모지에서 핀테크 성장의 씨앗이 싹트기 시작한 것이다.

토스의 송금 서비스는 CMS 방식이었기 때문에 은행이랑 제휴를 맺어야만 서비스할 수 있는 구조였다. 규제는 해제됐지만 금융권의 보수적인 분위기 때문에 은행과 제휴를 맺는 건 여전히 쉽지 않았다. 서현우 CSO가 밝힌 것과 같이 펌뱅킹의 경우 IBK은행을 시작으로 부산은행, 경남은행 등 지방은행과 먼저 제휴를 맺었다. 다행히 국민은행과 제휴 이후 사용자가 폭발적으로 증가하며 소비자와 투자자들에게 인지도가 높아졌다. "토스해"라는 신조어마저 생겨나며 승승장구하는 듯했다.

그러나 토스의 성장통은 이때부터가 시작이었다. 토스는 간편 송금 서비스를 제공하면서도 사용자로부터 수수료를 받지 않고 떠안아 사용자들이 증가할수록 적자가 쌓이는 구조였다. 이용자가 늘어날수록 자본금도 그만큼 빨리 고갈되어 가고 있었다. 토스는 이러한 '캐시 버닝Cash burning'을 어떻게 이겨냈을까? 서현우 CSO는 인터뷰에서 토스가 겪은 성장의 변곡점을 이야기하며 허들을 넘어선 비결로 '윈-윈 전략'을 꼽았다.

토스는 어떻게 허들을 넘었나

토스의 성장에 변곡점이 되는 순간들이 있다면 어떤 것들일까?

첫 번째는 우리가 구현하고자 했던 간편 송금의 방식이 합법으로 인정받았던 그 시점이다. 그게 2015년 초다. 그 일로 인해 토스의 간편 송금이 정식 론칭을 할 수 있었다. 두 번째로는 간편 송금으로 본격적인 성장이 시작됐던 순간이다. 처음 정식 서비스 론칭을 했을 때 새로운 이용자가 유입되지 않아 한 1년 정도 우울한 날들을 보냈다. 그 시간을 거치고 2016년 초에 갑자기 이용자 수가 폭발적으로 늘었다. 2015년도에 전체 이용자가 30만 명이었는데, 2016년 1월에 30만 명의 새로운 이용자가 들어오기 시작한 것이다. 2016년 2월에 또 30만 명이 들어오면서 그때부터 매달 30만 명씩 성장이 시작됐다.

갑자기 폭발적으로 성장한 이유가 무엇이었나?

제품이 소구되는 좋은 마케팅 포인트들을 찾았던 게 주효했다. 성장이 멈춘 1년 동안 어떻게 하면 토스의 서비스들을 잘 어필해서 마케팅을 할까 정말 많은 고민을 했다. 다양한 이용자 그룹에 콘텐츠를 통해 다양한 실험을 했는데 그게 트리거 trigger가 돼서 본격적으로 터졌던 게 2016년 1월이었던 거다. 그 지점이 또 하나의 변곡점이지 않았나 생각한다.

어떤 마케팅 방법이었나?

음성 녹음 같은 마케팅이었다. 그게 갑자기 어떤 그룹에서 반응이 나오면서 엄청난 성장을 불러일으켰다. 그 노하우를 가지고 온라인에서 소위 말하는 '타깃 마케팅'을 계속 성공시키며 성장해 왔다. 이전에도 우리가 우리의 서비스에 대해 자체적으로 가지고 있던 자신감은 '한 번 쓰면 계속 쓰게 될 것이다'라는 것이었다. 토스를 경험한 이용자들로부터 주변으로 "야, 토스 좀 써봐 정말 편해"라며 바이럴이 계속해서 일어나기 시작했고 본격적으로 크기가 커지기 시작했다.

핀테크 분야가 불모지였던 이유 중 하나는 금융이 정부의 영향력이 큰 굉장한 규제 산업이기 때문일 터다. 토스의 서비스가 중단됐던 1년 반 사이 이를 뚫을 수 있던 비결은 뭔가?

지나고 나서 돌아보면 마치 뭔가 비결이 있었던 것처럼 보일 수 있는데 당시엔 사실 하다 보니 그렇게 됐다. 우리가 만들고자 하는 혁신은 윈-윈하는 모델이었다. 당시 은행들은 펌뱅킹이라는 것을 썼고 우리는 여기에서 더 간편하게 송금하고 결제할 수 있게 혁신한 것인데 결과적으로 은행들은 우리 서비스를 통해 추가적인 매출을 올릴 수도 있었다.

정부나 규제 관점으로 봤을 때도 핀테크가 해외 시장에서 혁신적인 파급을 일으키고 있었고 이를 선도하는 기업들도 있었기에, 정책적으로 우리를 서포트 해주는 물결을 만들고자 했다. 이렇듯 이해 당사자 간 대립하는 구도가 아닌 윈-윈하는 구도로 사업을 이끌어 온 것이 주효하지 않았나 싶다. 거기에 더해 국민이 원하고 소비자들이 원하니 이런 것들이 모두 맞물려 이뤄진 성과가 아닐까.

간편 송금의 경우 결국 주 파트너가 은행 아닌가. 은행이 공인 인증서나 OTP 등 추가적 장치를 요구한 이유 중 하나는 한 번의 사고가 크게 이어질 수 있기 때문일 거다. 이러한 안전성 담보가 쉽지 않았을 텐데.

사실 엄청 어려운 일이었다. 처음에 레퍼런스를 쌓는 게 너무나 중요했고 너무나 어려웠다. 처음엔 1년 넘게 거의 발로 뛰었던 것 같다. 대표가 직접, 혹은 그때의 팀원들이 은행들을

비바리퍼블리카 토스 팀의 사무실 ©SBS

찾아다니면서 설득했다. "이런 걸 하려고 한다", "이게 이런 이점도 있다" 등 지난한 설득의 과정과 노력이 있었다. 그 과정에서 한두 개 은행들이 그 문을 열어 줬다.

송금 등 우리 서비스의 규모가 일부 은행들의 트래픽에 맞먹는 수준으로 퍼져가는 과정에서 믿음이 싹트기 시작했다. '사고 한 번 생길 법한데 안 생기네' 하면서 레퍼런스와 신뢰가 조금씩 쌓였기 때문이다. 그러면서 점점 다른 은행들의 문도 열렸다.

그 과정에 왕도는 없었다. 처음엔 무작정 발로 뛰면서 한두 개 은행들을 설득시켰고, 그 은행들을 가지고 최대한 성장하면서 우리가 문제없다는 걸 증명해 냈고, 그 증명해 낸 결과들로 다시 또 설득하면서 은행을 다 우리 서비스에 붙인 것이다. 간편 송금을 전체 시중 은행에 연결하는 데 3년 걸렸다.

안전성에 대한 토스의 기술적인 비결은 뭔가.

액티브엑스와 공인 인증서 등 기존의 방식들은 소비자가 더 안전하게 체크하면서 접속하라는 관점이었다. 우리는 같은 안전성을 인프라 단에서 구축을 해놓는 어프로치(접근)를 했던 것 같다. 그래서 소비자, 이용자 단에는 훨씬 더 편리하게 서비스의 문을 열어놓지만 우리는 우리의 인프라에 그러한 보안 장치를 다 심어뒀다. 보안의 의무를 어디에 두느냐의 차이였던 것 같다. FDS(Fraud Detection System · 이상 금융 거래 탐지 시스템) 등 우리가 가지고 있는 보안 장치에 초기 단계부터 많은 투자를 하고 안전한 시스템을 구축하고자 노력했다. 우리의 IT 분야 투자 중 정보 보안 분야 비중은 17퍼센트다. 금융 회사 중 가장 높다. 회사 내에 글로벌 최고 수준으로 구성된 화이트 해커 팀도 있다.

수익 구조 개선 전략

지난 2022년 9월 투자 유치를 할 때 기업 가치가 9조 2000억 원으로 커졌다. 그런데 수익 구조를 따져 보면 매출에 비해 영업 순손실이 많다. 2021년에도 2000억 원이 넘던데 토스의 수익 구조 개선 전략은 뭔가?

영업 순손실이 많은 게 사실이다. 당연히 수익 구조에 대한 고민도 계속하고 있다. 그럼에도 높은 기업 가치를 인정받은 데에는, 투자자들에게 수익 구조에 대한 설득이 어느 정도 이뤄졌다는 뜻이 아닐까. 그 수익 구조의 근거는 금융 마켓 플레이스가 창출할 수 있는 잠재 수익이라 생각한다. 우리가 처음 송금 서비스만 제공했을 때는 도저히 여기서 수익을 창출할 수 있는 길이 보이지 않았다. 무료로 서비스를 제공했지만 사실 송금하는 것마다 우리가 400~500원씩 현금 수수료를 부담하고 있었기 때문이다.

그럼에도 당시 우리 생각은 이랬다. 모든 산업의 구조를 뜯어보면 초기엔 모두 공급자 포지션에 해당하는 쪽이 이해관계의 축을 훨씬 더 많이 가지고 있을 것이다. 하지만 산업이 성숙하면 성숙할수록 고객 접점을 가지고 있는 쪽이 결국 이해관계를 좌지우지할 것이다. 이를 알고 있었기 때문에 '금융에서는 그게 뭘까? 어디에 있을까?'를 계속 고민했는데 당시엔 금융에서 그런 접점을 지배적으로 가지고 있는 곳이 보이지 않았다.

이 이야기에서 기존 금융사들은 공급자 포지션에 가깝다고 생각한다. 거기서 우리가 금융 플랫폼이 되면 더 많은 고객을 효율적인 가격으로 만나게 하고 그들의 제품을 판매하는 일을 하게 된다. 처음엔 당연히 기존의 공급자에 의해 휘둘릴 수 있다. 그러나 소비자들이 플랫폼에 익숙해질수록 산업의 축은 소비자로 기울게 된다. 소비자는 각 금융사나 금융 상품을 투명하게 비교 분석하고 싶고, 무엇이 자신에게 가장 유리한 선택인지 한 눈에 보고 싶은 니즈가 생길테니 말이다. 이를 해소해 줄 수 있는 플랫폼이 되면 우리가 여기서 수익을 충분히 창출할 수 있겠다는 생각을 했다.

그간 플랫폼 확장을 카테고리별로 해왔는데 지금 보면 실질적으로 금융 플랫폼 사업이 수익을 굉장히 많이 내고 있다. 우리 매출의 과반수가 금융 플랫폼 비즈니스에서 나온다. 대표적인 게 대출 중개, 카드 중개 사업, 보험 중개업 이런 것들이다. 수익성도 굉장히 좋은데 거기에 더해 금융 플랫폼으로서 공급자와 소비자의 니즈를 동시에 충족시킬 수 있는 비즈니스 모델이기도 하다. 이 때문에 토스 전체, 비바리퍼블리카를 포함해서 토스 전체 계열사들이 대부분 다 2023년 내

손익 분기점BEP을 돌파할 거로 예상한다.

다만 대출 비중에서 토스는 특히 개인 사업자 비중이 높다. 경기가 좋을 땐 문제 없지만 지금처럼 경기가 안 좋아질 땐 큰 리스크 아닌가?

토스 뱅크가 다른 시중 은행들보다 중금리 혹은 중저신용자를 대상으로 하는 사업의 비중이 훨씬 높은 건 사실이다. 그러나 어떤 고객에게 금리 얼마를 준다고 하는 것들은 그냥 책정한 게 아니다. 우리 모델의 경쟁력이라 할 수 있는 '리스크 평가 모형'은 기본적으로 토스의 많은 금융 데이터를 기반으로 만들어진 모형이다.

여기에 기반해 대출 등 여러 서비스를 운영하되 실질적인 재무적 리스크 등에는 최대한 보수적 관점을 취하려 한다. 미리 반영할 것은 반영하고 시간이 지나 안정성이 증명되면 다시 보수성을 조금 조정한다든지 하는 식이다. 기본적으로 토스 뱅크에서 리스크를 보는 인력이나 부서도 판단이 보수적인 편이다. 결론적으로 리스크 관리 전략의 왕도는 없는 것 같다. 다만 여전히 우리의 방식도 증명할 게 많이 남았다고 생각하기에 많은 부분에서 보수적으로 접근하고 있다는 점을 말해두고 싶다.

해외 시장 진출 이야기도 해보자. 베트남에서 활발하게 활동하는 것으로 알고 있는데 거긴 현금 결제 위주 아닌가? 해외 시장에 눈 돌린 이유, 그리고 왜 베트남이었는지 궁금하다.

우리가 베트남에 처음 진출한 게 2019년 중순이었을 거다. 그때는 토스 뱅크도 없었고 딱 토스 플랫폼밖에 없었을 때다. 해외 시장에 눈을 돌렸던 당시의 동인은 그냥 더 큰 시장에서 지금의 임팩트를 다시 한 번 만들어 보자, 금융을 혁신해 보자는 생각이었던 것 같다. 한국도 충분히 큰 시장이고 토스가 한국에서 굉장히 빠른 성장을 했지만 여전히 우리가 낼 수 있는 임팩트의 크기에 있어 더 큰 상상력을 갖고 도전하고 싶었다. 임팩트의 크기라고 하면 예를 들어 이용자의 규모가 될 수도 있다. 대한민국 인구의 캡cap은 분명히 있으니 말이다.

베트남을 택한 건 종합적인 결론이었다. 인터넷 보급 및 확산이 빠른 속도로 이뤄지고 있었고 말씀처럼 베트남은 현금 사회라 온라인으로의 전이 가능성도 크다고 생각했다. 토스의 초기 성장에 맞물려 있는 젊은 층이 인구 대부분을 차지하고 있다는 점도 작용했다. 실제로 진출 이후에 이용자 측면에서는 굉장히 빠른 성장을 했다. 2022년 기준 베트남 유저가 200~300만 명에 다다를 정도다. 하지만 냉정하게 보면 아직 금융 버티컬로의 확장은 조금 부족한 상황이다.

> 코로나19 기간은 핀테크 토스에게 도움이 되는 여건이었겠지만 지금 다가오는 거시 환경은 먹구름 같을 것 같다. 금리도 계속 오르고 경기 여건도 좋지 않은데 돌파구가 있나.

최근 들어 특히 스타트업들이 워낙 어려운 환경에 처하고 있다. 다행스럽게도 토스는 운 좋게 2022년 9월에 약 6000억 원 정도에 펀드레이징fundraising을 마쳤다. 그러다 보니 아무래도 시기적으로 준비는 되어 있는 것 같다. 다만 우리가 준비하고 대비하는 건 "거시 환경이 이러니 특별히 다른 전략을 취하자"는 쪽은 아니다. 지금 성장해 놓은 것들을 더 내실 있게 다져 놓자는 쪽에 가깝다.

위대한 기업들은 모두 이러한 기간을 거쳤다고 생각한다. 토스가 정말 위대한 기업이 되느냐는 그 기간을 얼마나 내실 있게 잘 거치는지, 잘 준비하고 지나가는지에 달렸다. 기본적으로 기존의 '원 앱One App' 전략을 중심으로 한 금융 플랫폼을 더 단단하게 강화하는 기본 전략을 중심에 두고, 실질적인 체력이라고 할 수 있는 수익화 등을 더 잘 준비하려고 한다.

개척자 토스가 그리는 혁신

토스의 성장엔 이처럼 지난한 과정이 있다. 고객의 금융 경험을 재정의하며 기존 공급자인 은행의 니즈까지 함께 해결하는 타협점을 찾아야 했기 때문이다. 왕도가 없는 길 위에서 토스가 뚝심 있게 정공법을 택할 수 있던 것에는 든든한 조력자의 존재도 한몫했다. 핀테크 서비스가 규제에 막혔을 때, 제휴 은행을 찾기 어려웠을 때, 그리고 자본금이 고갈되고 있을 때, 알토스벤처스의 한 킴 대표는 토스를 변함없이 믿어 주고 응원해 주며 손을 내밀어 줬다.

한 킴 대표는 실리콘밸리에서 페이팔Paypal이 성장하는 과정을 지켜보기도 했고, 핀테크의 성장 가능성, 그리고 무엇보다 이승건 대표의 개척자 정신을 일찌감치 눈여겨본 투자자였다. 핀테크 시장과 비즈니스에 대한 이해가 높던 그는 투자자 포지션임에도 토스가 어려움에 처할 때마다 실질적인 조언과 함께 도움을 아끼지 않았다. 지금의 토스를 보면 한 킴 대표의 안목은 틀리지 않은 듯하다.

토스는 인터넷 은행 진출에 이어서, 2020년 4월 토스 신용카드를 출시했다. 이제 토스는 이체 서비스로 확보한 네트워크를 활용해 종합 금융 플랫폼으로 진화하고 있다. "토스한다"는 표현이 계좌 이체·송금한다는 말을 대신하는 것을 넘어 새로운 금융 행위를 지칭하는 말이 될지도 모를 일이다.

숙박업의 에어비앤비Airbnb처럼 오랜 기간 혁신이 일어나지 않던 분야인 금융업 전반을 토스는 어떻게 바꿔놓았을까?

토스가 하는 업의 본질은 '금융 유통업'이다. 토스는 여러 회사의 다양한 금융 상품을 토스라는 플랫폼에 올려놓고 판매하고 있다. 실제로 토스 앱을 살펴보면 보험부터 뱅킹, 투자, 신용 조회 등을 광범위하게 다루고 있다. 토스에서는 이용자가 한눈에 여러 종류의 금융 상품을 비교할 수 있고 나에게 맞는 상품들을 쉽게 알아볼 수 있다. 간편 송금 기능으로 유입된 이용자들에게 더욱 쉬운 금융을 제시하고 있는 것이다. 현재 토스의 사업 분야는 인슈어런스(보험), 페이먼츠, 뱅크, 증권, 씨엑스(금융 상담) 등이다. 그리고 모빌리티와 알뜰폰 분야까지 고객 가치를 향상할 수 있는 다양한 분야로 비즈니스를 확장하고 있다.

토스의 사업 분야

① 토스 뱅크

② 토스 페이먼츠

③ 토스 인슈어런스

④ 토스 씨엑스

⑤ 토스 증권

마차를 아무리 연결해도 철도가 되지 않듯이 기존 산업을 바라보던 관점에 매몰되어서는 혁신을 창조하기 어렵다. 개척자들은 마차 시대에 철도를 꿈꾸고 철로를 놓는 통찰력이 있는 자들이다. 모두가 한국에서 핀테크가 안 된다고 할 때, 사람들의 더 나은 삶을 꿈꾸며 한 걸음씩 금융 서비스를 혁신해 나아가고 있는 토스의 여정에서, 철도 시대를 이끈 개척자의 모습이 오버랩된다.

끊임없는 성장을 위해 토스가 넘어야 할 산은 여전히 많고 높다. 새로운 시장을 개척한다는 건 알 수 없는 불확실성을 마주할 가능성이 크다는 말과 같다. 토스가 나아갈 길에는 예측 불가능한 난관들이 산적해 있다. 글로벌 경쟁력의 확보 역시 중요한 산이다. 토스가 국내 핀테크 분야에서는 선두 주자지만 글로벌 시장에는 이미 뛰어난 경쟁자들이 많다. 이들을 제치고 토스가 글로벌 핀테크 시장의 개척자가 되기 위해서는 지금의 비즈니스 모델을 자기 스스로 넘어서는 개척자로서의 마음가짐이 다시 한 번 필요하다. 거대한 도전과 혁신의 과제 앞에서 토스 팀은 무슨 생각을 하고 있을까? 서현우 CSO에게 물었다.

모두가 자신들이 고객의 목소리를 듣습니다"라고 한다. 토스가 강조하는 '고객 중심 혁신'은 어떻게 차별화되는가.

'진짜로 고객을 생각하는 것'이다. 가까스로 은행을 연결해 서비스를 출시할 무렵, 우리가 고객에게 그때 선택받지 않았으면 사실 계속해서 혁신을 이어갈 수도 없었고 기업으로서도 생존할 수 없었을 거다. 그래서 고객의 어려움을 우리의 서비스로 해소하고, 고객의 눈높이에서 선택을 받아야 한다는 명확한 이해가 있었다. 아직까지도 모든 토스 팀원이 가지고 있는 DNA다. 우리는 한 달 내지는 6개월 뒤에 승리하려고 일하지 않는다. 짧게는 1~3년 후, 길게는 5~10년 후의 승리를 위해 달려나간다. 승리라는 표현이 맞는지 모르겠지만 말이다.

고객은 고객이다. 그럼에도 일반적인 기업에서 고객을 말할 때 그 앞 단에 매출, 혹은 부서 간의 이해 조정이나 임직원들의 이해관계가 끼어 있는 것이 보일 때가 있다. 우리는 그런 부분이 전혀 없이 그냥 고객을 위한다는 게 차별점이라면 차별점이다. 원론적인 만큼 어렵게 느껴질 수 있지만 생각보다 어렵지 않다. 게다가 막상 하면 쉽다. 진정성 있게 고객을 생각할 수 있다면 다들 토스처럼 할 수 있을 거로 생각한다.

이런 마인드가 실제로 조직 문화에 스며들지 못하면 무용할 것이다. 토스 팀이 어떻게 고객 중심 혁신을 가치로 버텨올 수 있었는지 팀원들의 생각이 궁금하다.

굉장히 어려운 질문이다. 누군가 해야 한다면 우리가 하자는 생각이었던 것 같다. 이 코너 이름도 '개척자들'이지 않나. 개척자 혹은 선구자는 지탄이나 비판, 도전을 많이 받을 수밖에 없는 위치인 것 같다. 이런 것들을 그냥 받아들이자, 과정이 고되지만 결국 우리가 해야 하니까 그냥 하자라는 생각이 토스 팀원 전반에 있다.

토스는 지금 영역을 계속 확장 중이다. 궁극적인 목표는 무엇인가?

우리가 궁극적으로 이루고자 하는 건 여전하다. '금융' 하면 찾게 되는 첫 번째 서비스가 되자는 것이다. 이걸 이루기 위해 두 가지 목표가 존재한다. 하나는 금융을 더욱더 온라인화하자, 그래서 금융 소비자들이 훨씬 더 지금보다 편리하고 간편

하게 사용하게끔 만들자는 것이다. 두 번째로는 금융을 더욱 더 경쟁시키자, 그래서 공급자 중심적인 금융이 소비자 중심으로 패러다임이 바뀌게끔 하자. 이 두 가지를 계속 추구하며 나아가고 있다.

우리가 하는 많은 사업의 확장은 그 지점에 닿아 있는 문제들을 해결하는 과정에서 생겼다. 금융 지주가 되겠다거나 큰 금융사가 되겠다는 꿈으로 하는 건 아니다. 이용자들이 송금뿐 아니라 대출이나 다른 금융 서비스를 이용하며 겪던 불만이 우리 서비스에서 금융의 '엔드 투 엔드End-to-End'를 경험함으로써 훨씬 더 편리하게 느껴지도록 확대했다. 이 지점들을 연결해 복합적으로 은행에 도전해 보자고 해 시작된 게 토스 뱅크다. 페이먼츠도 마찬가지다.

PG(결제 대행사) 시장에서 수십 년 동안 아무런 혁신의 의지 없이 불편하게 존재하던 결제들이야말로 우리가 들어가 바꿔야 할 대상이었다. 우리 고객들이 불편을 느끼는 접점에 닿아 있는 문제들을 계속 해결하며 사업을 확장하려고 한다.

토스의 움직임을 보면 디지털 금융사를 목표로 움직이는 회사처럼 보였다. 그런데 모빌리티 플랫폼인 '타다'를 인수하고, 알뜰폰 사업에도 뛰어들었다. 무엇을 위함인가?

크게 다른 전략은 아니라고 생각한다. 금융과 연결된 문제를 푸는 과정에서 영향력을 확대하려다 보니 생기는 포인트였다. 예를 들어 우리가 타다를 인수한 것은 모빌리티를 혁신하기 위함이라기보다 결제의 빈도를 어떻게 높일지에 대한 고민과 맞닿아 있었다. 모빌리티, 특히 택시는 사람들이 직접 결제해 탑승한다는 행위성이 강조되는데 이 때문에 토스 결제를 확대할 수 있는 기회로 봤다. 모빌리티의 경우 이미 시장 형성이 되어 있고 결제만 타깃해 비집고 들어가기 어려운 측면이 있어 직접 진출을 선택했다.

알뜰폰 역시 결제 확대와 로열티의 맥락이다. 알뜰폰 사업을 보니 상당히 오프라인 중심이었고 온라인으로 막 이전되고 있었다. 우리는 공인 인증 사업 등도 가지고 있었으니 우리의 인프라로 편리하게 만들 수 있는 구석이 많다고 생각했다. 금융을 버리고 통신 혹은 모빌리티 버티컬로 확장한 것이라기보다 우리의 금융에 닿아 있는 영역에서 이용자들에게는 편익을, 우리는 수익의 다양화를 꾀하는 측면의 사업 확장이라고 볼 수 있다.

토스는 명실상부 핀테크 시장의 개척자다. 어디선가 개척을 꿈꾸거나 개척의 길에 오른 후배들에게 해주고 싶은 이야기가 있나.

너무 어려운 질문이다. (웃음) '리듬을 가지고 계속 도전하라'라는 말을 해주고 싶다. 앞서 말했던 것처럼 우리는 결국 이것이 아무리 어려워도 우리가 해야 할 일이라는 공감대가 있어 숱한 어려움을 이겨올 수 있었다. 개척하고 도전하는 과정에서 맞닥뜨리는 난관에는 쉬운 게 없다. 그렇지만 시작을 했고 도전을 했으면, '이건 내가 할 일'이라고 생각하고 끝장을 보려는 마음이 중요한 것 같다. 그럴수록 자신이 풀려고 하는 문제, 만들려는 제품이나 서비스를 사용자 관점에서 생각하는 게 가장 중요하지 않을까.

2 당근마켓, 동네가 곧 커뮤니티다

동네의 가치를 재조명하다

당근마켓이 세상에 나오기 전, 사람들은 대부분 온라인의 '중고나라'와 같은 형태의 중고 거래 플랫폼을 통해 중고 물품들을 거래해 왔다. 지역보다는 서로가 구매하고자 하는 물품으로 거래 대상자를 찾는 구조라 나와 멀리 떨어져 있는 사람의 물품을 구매하게 되는 경우가 많았고, 따라서 대부분의 거래는 직거래가 아닌 택배를 통해 이루어졌다. 택배 거래의 특성상, 구매자는 택배로 물건을 받아 보기 전 미리 대금을 지불할 수밖에 없었다. 대금을 지불하지 않으면 판매자가 물품을 보내지 않는 경우가 많기 때문이다. 그러다 보니 이를 악용한 중고 거래 사기가 빈번하게 일어나곤 했다.

당근마켓이 처음부터 전국을 대상으로 하는 중고 거래 플랫폼으로 시작된 것은 아니었다. 그 시작은 판교의 일부 회사원들을 대상으로 운영되던 '판교장터'였는데, 판교장터는 원래 판교테크노밸리에서 IT 종사자 간에 IT 제품을 거래할 수 있는 애플리케이션으로 만들어졌다. 이는 당시 카카오의 사내 중고 거래 게시판이 활성화되던 것에서 얻은 아이디어로, 판교에 있는 수많은 기업들이 서로 중고 물품을 거래하면 재미있겠다는 생각으로 시작된 것이었다.

이후 회사원들뿐만 아니라 주변 거주자들의 이용 문의가 지속적으로 이어지자 시장의 확실한 니즈가 있음을 확인,

3개월 뒤 "당신 근처의 마켓"이라는 뜻을 담은 당근마켓으로 사명을 변경하고 점차 서비스 범위를 늘려 결국 전국 단위의 서비스를 론칭하게 됐다. 당시 이미 대형 중고 거래 플랫폼이었던 중고나라 등에 비해 인지도는 확연히 낮았지만, 점차 입소문을 타고 직거래를 선호하는 이용자들에게 널리 사용되면서 이제는 중고나라와 어깨를 나란히 하는 중고 거래 플랫폼으로 성장했다.

당근마켓은 기존의 중고 거래 플랫폼과는 달리 동네별 커뮤니티를 통한 직거래를 권장하고 있다. 사용자들은 위치 기반으로 자신의 거주지를 인증하는 동네 인증 절차를 거쳐 회원 가입을 하게 되며, 반경 4~6킬로미터 내외 동네 생활권을 바탕으로 동네 이웃 간 중고 거래가 가능하다.

사업으로서 당근마켓의 출발점은 중고 거래에서 발생할 수 있는 사기 혹은 전문 판매업체들의 활동을 방지하자는 것이었다. 기존 중고 거래 사이트의 경우 어쩔 수 없이 전문 판매업자가 끼어있으나, 당근마켓의 경우 '진짜' 이웃 주민과 '직접' 거래할 수 있어 사기의 위험이 적고 이웃의 정을 느낄 수 있어 좋다는 반응이 대다수다.

실제로 당근마켓은 처음엔 단순히 동네 주민과의 중고 거래 플랫폼으로 출시되었으나, 점차 '벌레 잡아 주실 분', '동네 산책하실 분', '가구 옮겨 주실 분' 등을 찾는 게시물이 늘어나면서 단순 중고 거래 플랫폼이 아닌 지역 사회 이웃 간의 정을 느낄 수 있는 공간으로 변하고 있다. 또한 중고 물품 거래 시에도 "집에 사과가 많이 있어 몇 개 드린다"라거나, "물건 사 주시는 것에 감사해서 과자 몇 개 넣고 작게 편지도 써 봤다"는 등 현대 사회에서 뜸해졌던 '덤 문화' 또한 부활시키고 있다.

코로나19 이후 모든 것이 비대면화하는 시대에, 역설적이게도 당근마켓은 지역 주민들이 직접 만나서 함께 소통하도록 함으로써 '이웃사촌'이라는 개념이 다시금 강조되는 사회 분위기를 만드는 데 일조하고 있다. 김재현 당근마켓 공동대표를 만나 당근마켓 론칭 당시의 이야기와 초창기 전략에 대해 물었다.

6킬로미터, 하이퍼 로컬의 조건

당근 마켓은 하이퍼 로컬 중고 거래 시장의 개척자로 불린다. 초기부터 '하이퍼 로컬 시장'을 겨냥했나.

원래 처음 판교장터를 시작할 때 지역 주민들끼리의 중고 거래를 연결하고 그걸 발전시켜서 동네 커뮤니티로 만들자는 비전이 있었다. 동네라는 키워드에 주목하고, 동네 주민들을

김재현 당근마켓 공동 대표 ©SBS

연결해 동네 주민들끼리 소통하고 무언갈 나누다 보면 생겨날 수 있는 가치가 많을 거라고 생각했다.

동네를 주목하게 된 계기가 있나? 보통은 시장을 넓히는 것에 주목하지 않나.

인터넷 보급 이후 거리 제한 없이 정보가 연결되고 소통되기 시작했다. 그러다 보니 오히려 가까이 있는 주민이나 동네의 연결이 의외로 소외되고 잊히는 것 같았다. 동네 주민들을 연결해야겠다고 마음먹은 이유다. 인터넷이 없던 시대에 이웃 주민과 활발히 이뤄지던 소통을 재건하면 좋겠다고 생각했다.

초창기 전략을 세울 때 중점을 둔 포인트는 어떤 것이었나?

처음에는 많은 사람들이 다 같이 이용할 수 있는 어떤 주제가 있어야 할 것 같아 중고 거래로 키워드를 잡았다. 그러고 나니 이용자들로부터 다른 중고 거래 서비스들처럼 동네를 넓혀 달라, 더 넓은 지역도 거래할 수 있게 해달라고 요청이 많이 왔다. 하지만 우린 고집스럽게 동네 주민만 연결해 주는 플랫폼이 되고자 노력했다. 그런 점을 이용자분들이 오히려 많이 좋아해 주시지 않았나 생각한다.

스타트업으로서 확장할 수 있는 기회를 외면하고 특정 원칙을 지킨다는 게 쉽진 않았을 거 같다.

차별화다. 다른 인터넷 서비스는 다 거리 제한 없이 연결해 주고 있지 않나. 당근마켓만큼은 좀 차별화해서 동네에서의 가치를 만들겠다는 것이었다.

김재현, 김용현 공동 대표 모두 카카오플레이스에서 비슷한 서비스를 시도했지만 잘 안 됐던 것으로 안다. 그 시행착오가 원칙을 고수한 이유였나?

그때도 비슷한 비전으로 동네를 연결하려고 시작을 했다. 그런데 해보려는 시간 자체가 좀 짧았던 것 같다. 당시 카카오플레이스는 동네 연결이라기보다는 지역에 있는 맛집이나 정보를 교류하는 것에 가까웠다. 그런데 이런 류의 정보는 동네에서 빈번하게 필요한 건 아니라고 판단했다. 그래서 좀 더 자주 사용할 수 있고 더 많은 사용자들이 자주 방문할 수 있는 서비스가 뭘까 하다가 동네 주민들끼리 안 쓰는 물건을 나누는 중고 거래를 떠올린 것이다. 게다가 이건 순환 경제의 관점에서 환경에 도움이 되는 일이기도 했다.

개발자이기도 하다. 동네의 기준을 6킬로미터 정도로 잡았는데 그 숫자는 어디서 나왔나. 왜 6킬로미터인가?

동네 범위 설정에 있어 시행착오도 있고 실패도 있었다. 처음엔 우리도 구 단위처럼 조금 큰 규모로 연결을 하려 했지만 사실 잘 활성화되지도 않았고 구의 경계에 거주하는 이용자는 구가 달라도 바로 길 하나 건너면 만날 수 있는 사람이 있을 수도 있지 않나. 그런 연결도 있다 보니 좀 더 가까운 동 단위를 설정하고 그 동을 벌집처럼 연결해서 정말 가까운 주민들끼리만 연결될 수 있게끔 기술적으로 구현했다. 그러니 확실히 활성화가 잘 됐다.

지금도 현재 수도권이나 서울 같은 경우는 한 2~3킬로미터 정도로 거리가 더 좁다. 실제로는 6킬로미터보다 더 좁게 연결이 되고 있는 것이다. 그래야 이용자들이 더 편하게 거래할 수 있고 유의미한 정보도 나눌 수 있게 된다. 그리고 중고 거래보다 커뮤니티인 '동네 생활'이 조금 더 범위가 좁다. 지역에 따라 2~3킬로미터보다 더 좁을 수도 있다. 이건 동네 활성화 정도에 따라 자동으로 설정이 되게 되어 있다.

이렇게 하이퍼 로컬로 좁혀 서비스하며 사업의 성공을 확신케 한 지점이나 반응이 있었나?

완전 초기에는 이용자가 없다 보니 전 직원이 나가서 전단지를 붙여가며 홍보하기도 했다. 그러던 당시 우리 당근마켓 서비스가 좋다는 입소문이 동네 커뮤니티 같은 데 퍼지더라. 동네 맘카페나 동네 커뮤니티 등 여러 게시판에 퍼지면서 조금씩 입소문이 났다. 이용자들의 재방문 빈도도 점점 올라가며 어느덧 동네 주민들이 생각보다 자주 방문하는 서비스가 되어 있었다. 이것을 데이터로 확인했을 때 사업이 잘될 것 같다고 확신이 들었다.

당근마켓은 사람 냄새 나는 커뮤니티를 지향하는 것 같다. 다른 중고 거래 플랫폼에 없는 다양한 게시글이 올라왔을 때 어땠나. '우리가 의도한 대로 됐다'는 반응이었나?

그렇다. 판교장터 시절에도 동네 자유 게시판을 열고 그런 활동이나 교류들이 일어나기를 바랐다. 물론 처음부터 쉽게 발생하지는 않았다. 그래서 자유 게시판을 내리고 중고 거래에 집중하는 기간을 3~4년 정도 가졌다. 이후 다시 동네 생활이라는 이름으로 커뮤니티 기능을 재오픈했고, 그 시점부터 조금씩 그런 활동들이 보이기 시작했다.

요즘은 동네 생활 커뮤니티도 많이 활발한 것 같다. 활성화하기 위해 뭔가 판을 깔아 주는 전략이 있었나?

전략보다 중요한 건 정말 같은 동네라는 공감대가 있는 주민들끼리 모아 줘야 그들끼리 소통이 일어난다는 점이다. 동네의 범위를 좀 더 넓게 잡는다든지 하는 욕심을 부리지 않은 이유다. 정말 동네 주민만 모일 수 있는 공간을 만들어 주면 거기서 동네에 대한 질문과 답변도 나오고, 어느 가게가 갈 만한지 어디가 친절한지 어디서 무슨 좋은 세일을 하는지, 어디에 무슨 모임이 있는지 이런 것들을 다루게 되더라. 동네 범위를 좁혀 이용자들이 진짜 동네 커뮤니티를 만들어 가는 것을 보니 좋았다.

중고나라, 번개장터 그리고 당근마켓

중고 거래엔 이른바 '삼대장'이 있다. 중고나라와 번개장터, 그리고 당근마켓이다. 현재는 당근마켓이 가장 큰 활약을 하고 있으나 국내에서 '중고 거래 플랫폼'이라고 하면 중고나라와 번개장터를 떠올리는 이들도 많다. 중고나라는 우리나라에서 온라인 기반의 중고 시장을 가장 먼저 연 선두 주자다. 번개장터는 중고 거래자들의 취향을 반영하는 '큐레이션 중고 플랫폼'의 새 지평을 열었다. 얼핏 생각하면 당근마켓이라는 거대 후발 주자가 나타남으로써 중고나라와 번개장터 각각의 성장세가 하락했을 것으로 짐작할 수 있으나 현재까지는 각각이 서로가 커버할 수 없는 영역을 찾아 비즈니스를 잘 발전시키고 있는 추세다.

중고나라

중고나라가 2003년 네이버 카페로 처음 시작되기 전까지는 중고 거래 플랫폼이라는 개념이 존재하지 않았고, 필요 없는 물건이 있으면 이웃과 나누거나 버리는 수밖에 없었다. 중고나라는 단순한 커뮤니티로 시작됐다가 회원 수가 늘어나면서 2013년 법인으로 전환했다. 회원 수는 2021년 기준 누적 2500만 명으로, 2022년 월간 활성 이용자 수MAU는 1500만 명이다. 가장 먼저 시작된 중고 거래 플랫폼답게 중고나라에서는 온갖 물건들이 거래되고 있다. 중고나라의 특징 중 하나는 플랫폼 내에서 중고 물품의 시세 확인이 가능하다는 점이다. 그만큼 전체 거래량이 많다는 의미기도 하다.

중고나라에서의 중고 거래는 택배 거래를 기본으로 하며, 안전 거래를 위해 '중고페이'라는 이름의 안전 결제 서비스를 도입했다. 중고나라 수익은 이 중고페이를 통한 결제 수수료(4퍼센트)와 배너 광고, 셀러 회원 제휴, 가맹 사업 등을 통해 발생한다. 수익화를 위해 자체 앱을 론칭했으나 여전히 비즈니스의 중심은 네이버 카페다. 앱 사용자는 아직 100만 명이 채 되지 않는 상황이다.

번개장터

번개장터는 2011년 설립된 중고 거래 플랫폼으로 네이버 카페 중심으로 움직이던 중고나라와 경쟁하기 위해 최초로 모바일 앱 서비스로 시작됐다. 중고 거래 플랫폼에 '취향'이라는 색깔을 덧입힘으로써 중고나라, 그리고 당근마켓과의 차별성을 두는 데 성공, 2021년 기준으로 누적 1700만 명의 회원 수와 660만 명의 월간 활성 이용자를 보유하고 있다.

중고 거래 사기, 짝퉁 판매 등의 문제로 중고나라에서 번개장터로 넘어온 이용자가 많은 만큼, 정품 검수 서비스 도입을 통해 중고 거래 투명성을 유지하고자 한다. 또한 취향 큐레이션 중고 플랫폼을 표방하기에 타깃팅이 잘 되는 인기 브랜드 위주로 앱을 개편하고, 선호 브랜드를 최대 20개까지 선정할 수 있는 '브랜드 팔로우' 제도를 도입하며 타사와의 경쟁 우위 확보를 위해 노력하고 있다. 철저히 온라인으로만 활동하는 경쟁사와는 달리 인기 있는 브랜드 중심의 오프라인 매장을 운영함으로써 판매 수익을 달성하고 있으며 번개페이라는 이름의 안전 결제 서비스를 도입해 수수료 기반의 수익 또한 발생시키고 있다.

당근마켓

당근마켓은 중고나라, 번개장터와 같은 종류의 '중고 거래 플랫폼'과는 다른 특성을 지닌 것으로 보인다. 당근마켓에 대해 이야기할 때 중고나라와 번개장터가 자주 함께 언급되는 것

중고 거래 플랫폼 비교

	중고나라	번개장터	당근마켓
설립	2013년 (카페 설립 2003년)	2011년	2015년
기반 시스템	웹(네이버 카페)/ 모바일 앱	웹/모바일 앱	모바일 앱
수익 모델	카페 배너 광고, 셀러 회원 제휴, 가맹 사업, 중고페이(구매 수수료 4%)	오프라인 매장 판매 수익, 번개페이, (구매 수수료 2%, 판매 수수료 1%)	동네 기반 광고
거래액	5조 원	2조 원	2조 원
매출	87억 원 (2021년)	249억 원 (2021년)	257억 원 (2021년)
월간 활성 이용자 수 (MAU)	1500만 명 (2022년)	660만 명 (2022년)	1800만 명 (2022년)
서비스 특징	1) 네이버 카페로 운영 2) 플랫폼 내 중고시세 확인 기능	1) 정품 검수 서비스 2) 맞춤형 큐레이션 중고 플랫폼 3) 오프라인 매장 운영	1) GPS 인증을 통해 6km이내에서만 거래 가능 2) 동네 기반 커뮤니티 구축

은 아직 많은 사람들이 중고 거래를 위해 당근마켓을 이용하고 있기 때문이다. 그러나 수익 모델이나 서비스 특징 등 다방면에서 두 서비스와 당근마켓은 차이점을 보인다.

먼저 당근마켓은 중고 거래를 통해 수익을 올리지 않는

다. 중고나라와 번개장터의 경우 수익의 대부분이 플랫폼 내에서 중고 거래를 할 때 안전 결제 서비스를 제공함으로써 발생하는데, 당근마켓은 지역 주민들 간 중고 거래에서 수수료를 받지 않는다. 심지어 중고페이나 번개페이와 비슷하게 사용될 수 있는 당근페이를 론칭했으나, 이 서비스는 현재 무료로 제공하고 있다. 당근마켓의 거래액은 번개장터에 준하는 수준인 2조 원 규모로 결코 적지 않은 숫자다. 당근마켓이 중고 거래 플랫폼으로서 성장하기 위해서는 이 거래액으로부터 수익을 발생시키려는 노력을 해야 하나 당근마켓은 전혀 다른 방향의 비즈니스 모델을 구축하고자 한다.

또한 중고나라와 번개장터는 플랫폼 내 중고 시세 검색과 인기 브랜드 큐레이션, 정품 검수 서비스와 같이 중고 거래 활성화 그 자체를 위한 서비스를 지속적으로 도입하고 있으나 당근마켓은 중고 거래 서비스에 집중하기보다는 전국구의 하이퍼 로컬 커뮤니티들이 활발하게 돌아갈 수 있도록 노력하고 있는 것으로 보인다. 당근마켓에게 중고 거래는 많은 이용자들을 모으기 위한 수단이었으며, 이제는 그렇게 형성된 풍부한 트래픽을 기반으로 어떻게 동네 커뮤니티에서 새로운 수익원을 창출할 수 있을지에 대한 실험을 계속하고 있다. 따라서 당근마켓의 정체성을 단순히 중고 거래 플랫폼으로 정의하기는 어려우며, 당근마켓의 경쟁자는 중고나라, 번개장터가 아닌 동네를 기반으로 돌아가고 있는 모든 생활 밀착형 비즈니스라고 볼 수 있다.

독특한 수익 구조

당근마켓의 가입자 수는 2022년 8월 기준 누적 3000만 명을 돌파했다. 월평균 1800만 명의 사용자가 하루 평균 20분의 시간을 당근마켓에 할애하고 있다. 왜 이렇게 많은 사람들이 당근마켓을 애용하게 된 걸까? 김용현 공동 대표는 언론 인터뷰에서 이에 대해 "고객 신뢰 덕분"이라고 답한 바 있다. 중고거래에서 가장 중요한 가치는 신뢰인데, 동네 주민과 직거래하는 콘셉트가 메인인 당근마켓에선 사기를 당할 확률이 낮다는 것이다. 당근마켓에서는 동네 주민들끼리 서로의 '매너 온도'를 확인하고, 과거 판매 내역도 확인할 수 있다. 해당 데이터를 기반으로 서로 간의 신뢰를 쌓고, 거래를 진행할 수 있기에 이용자들의 만족도가 높고 재거래율이 높다는 것이다.

앞서 언급한 것처럼, 당근마켓 사업의 출발점은 중고 사기 피해를 줄이는 것에서 시작됐다. 많은 중고 거래 플랫폼들이 중고 사기 방지를 위해 안전 거래와 같은 결제 수단 등을 동원하지만 당근마켓은 이를 전혀 다른 방식으로 풀었다. 이용자의 '동네 인증'과 동네 안에서만 거래가 가능하도록 하는 시스템이 그것이다. 반경 4~6킬로미터는 생각보다 좁은

당근마켓의 수익 구조

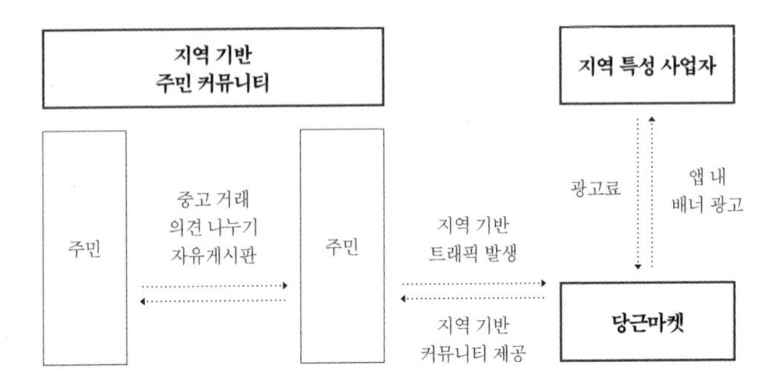

범위로, 중고 사기 의도가 있는 사용자라 할지라도 본인의 거주지에서, 그것도 직거래로 사기 행위를 하는 건 쉽지 않다.

이용자의 신뢰도 있고 이용률도 높지만 중고 거래 수수료를 받지 않는 당근마켓은 무엇으로 돈을 벌까? 현재 주된 수익원은 개인이나 소상공인의 지역 광고로부터 발생한다. 당근마켓을 그저 중고 거래 플랫폼으로 생각해 왔다면 정작 중고 거래가 아닌 다른 부분에서 수익이 발생한다는 점이 독특하게 보일지 모른다.

당근마켓을 통한 지역 광고의 가장 큰 특징이자 경쟁사 대비 경쟁 우위는 바로 지역 사회 구성원에게 핀포인트 광고(지역 기반의 매장 및 서비스를 중심으로 하는 광고)를 할 수 있다는 점이다. 전국구의 불특정 다수가 아닌 주변에 실제 방문할 가능성이 높은 지역 주민들을 대상으로 하기 때문에 실제 매출까지 연결되는 경우가 많을 수밖에 없다. 다만 현재까지 당근마켓을 통한 직접 거래는 불가능하다. 이용자들이 광고주들의 매장을 직접 방문하거나 다른 수단을 이용해 별도의 연락을 취할 수밖에 없다는 게 단점이다.

이처럼 당근마켓은 하이퍼 로컬 커뮤니티 중심의 중고 플랫폼을 성공적으로 운영함으로써 큰 규모로 성장하고 있지만 이용률에 비해 수익은 아직 미미한 편이다. 지역 기반의 핀포인트 광고 외에 아직까진 굵직한 수익원이 부재하기 때문이다. 2021년 기준 257억 원의 매출액 중 무려 254억 원이 광고로부터 발생했다. 추가 수익을 위한 고민이 필요한 상황이다.

현재 당근마켓은 지역 광고 외에도 당근페이와 같은 결제 서비스의 도입과 함께 당근마켓 플랫폼을 통한 전국 단위의 지역 상인 상품 판매(플랫폼을 통한 직접 구매 및 결제 서비스) 서비스를 시범 운영 중이며, 이를 통한 판매 수수료 수익이 추가적으로 발생할 것으로 예상된다. 이에 더해 당근마켓은 지도 서비스, 부동산 직거래, 중고차 직거래, 당근 알바와 같은 지역 기반 서비스들을 고도화할 예정이며, 청소, 교육, 편의점 등 생활 밀착형 서비스 전문 업체들과 함께 O2O(Online to Offline) 영역으로의 진출 또한 계획 중이다. 해당 서비스들의 이용률이 늘어나고 이에 따라 이용자 수 또한 증가할 경우, 판매 및 중개 수수료 등을 통한 안정적인 수익 모델에 더해 광고 수익 또한 크게 증가할 것으로 기대된다. 김재현 공동 대표는 취약한 수익 모델에 대해 어떤 입장일까? 그는 지역 광고 자체가 하나의 가능성이 될 것이라 말한다.

지역 광고라는 가능성

당근마켓의 성장 과정에서 변곡점이 있다면 어떤 것일까?

당근마켓은 7년 반 정도 꾸준하게 성장을 해오고 있다. 성장세는 계속 있었지만 변곡점이라면 역시 코로나19를 들 수 있겠다. 코로나19로 2020년 초부터 오프라인에서 대면 활동이 제한되고 전반적으로 온라인 서비스들의 트래픽이 확 늘지 않았나.

그런데 당근마켓은 온라인 서비스기도 하지만 오프라인 대면 거래를 권장하는 독특한 포지션이었다. 이 때문에 트래픽이 좀 줄지 않을까, 서비스가 하향세를 타지 않을까 걱정했는데 정반대의 결과가 나왔다. 동네 주민들이 외출을 줄이고 오히려 동네에 머물게 되면서 동네에 있는 걸 더 찾게 된 거다. 게다가 집에 있으면서 '안 쓰는 물건들을 팔아 볼까', 아니면 '집을 새로 꾸며 볼까' 하는 생각을 하게 되니 당근마켓을 이용할 동인은 더 커지게 됐다. 코로나19를 계기로 자신의 집과 자신의 동네에 대한 관심사가 커지다 보니 당근마켓도 폭발적으로 성장하게 됐다.

예상하지 못한 포인트인가? 비대면 상황에서 대면 거래 위주의 당근마켓이 폭발적으로 성장했다는 게 흥미롭다.

성장을 할 거라고는 예상하지 못했던 것 같다. 당시에 '문고리 거래'라는 말이 생겼는데 뭔가를 거래할 때 대면 거래가 어려우니 문고리에 걸어놓고 가는 식의 거래를 뜻한다. 이런 식으로 새로운 비대면 거래 문화가 생겨나기도 했다.

최근 투자받을 때 기업 가치가 3조 원에 가깝게 올라갔다. 선발 주자던 중고나라나 번개장터보다 훨씬 몸값이 높다. 투자자들에게 중고 거래 플랫폼 이상으로 인식된 것일까?

창업 초부터 우리는 중고 거래만을 목적으로 서비스하겠단 생각이 없었다. 외형은 중고 거래 플랫폼으로 보이기에 그렇게 바라보는 이용자들이 많지만 우리는 처음부터 지역 커뮤니티를 만들고 지역에 필요한 연결을 하나씩 해나가자는 비전으로 시작했다. 우리는 중고 거래를 넘어 좀 더 다양한 연결을 해보고 싶다. 대표적인 게 동네 모임이다. 예를 들어 배드민턴 모임이나 식빵 만들기 같은 쿠킹 클래스를 연결할 수도 있다. 동네에 있는 소상공인분들도 마찬가지다. 전반적으로 온라인 쇼핑이 늘었지만 여전히 동네 상가에서도 물건을 자주 사지 않나. 빵집이나 정육점 등 다양한 가게를 연결할 수도 있다고 생각한다.

중고 거래 서비스에 대해서는 앞으로 어떻게 확장 또는 유지하려는 전략을 갖고 있나.

커뮤니티를 제외하고 중고 거래 자체도 되게 큰 트래픽을 가지고 있어 머신러닝, AI 기술을 이용해 많은 부분을 개선하려고 한다. 판매자는 동네 주민들에게 더 잘 판매할 수 있게, 구매자는 좀 더 편하게 자신이 원하는 물건을 찾을 수 있게 개인화하고 추천하는 방식을 고도화하고 있다. 다만 우리는 중고 거래를 전문으로 하기보다는 동네를 연결하는 것에 더 초점을 맞추고 있다는 점이 다른 중고 거래 플랫폼과 다르다.

게다가 중고 거래 물품 중에도 동네에서 거래해야만 더 편한 물건들이 있다. 예를 들어 유모차, 자전거, 가구 등 부피가 크고 옮기기 힘든 것들은 동네 주민들끼리 거래해야 훨씬 좋다. 우리가 집중하는 건 이런 것들이다. 돈을 벌려고 하는 거래보다 동네 사람들과 나누고 교류하고 편의를 도모하는 방향으로 서비스를 만들어 나가고 있다.

중고 거래 수수료로 돈을 벌지 않고 있다. 이 때문인지 2021년 영업 손실은 356억 원 정도로 적지 않았다. 수익 구조가 약하지 않냐는 의문이 있는데, 어떻게 생각하나?

창업했을 때부터 중고 거래 수수료를 언제 받을 거냐는 질문을 많이 받았다. 하지만 그걸 받기보다 중고 거래는 중고 거래대로 놔두고 지역 주민을 모았다는 점에 집중해 수익 모델을 그렸다. 지역에서 광고하고 홍보하고 싶어 하는 분들에게 광고 툴을 열어주는 방식을 생각한 것이다. 지금도 지역 광고를 하고 계신 소상공인분들이 많다. 그분들은 '비즈 프로필'이라는 동네 가게 프로필을 통해 이용자들과 연결된다. 이런 형태로 수익 모델을 찾아보려 한다.

대표 입장에서 쉬운 결정은 아니었을 것 같다. 중고 거래에서 트래픽이 막 몰려드는 게 눈에 보이는데 수수료를 안 받는다는 것이.

그래도 지역 광고로도 충분한 수익이 날 수 있다고 생각하고 계속 노력하고 있다.

지역 광고가 수익의 80퍼센트 정도인데 액수로 보면 200억 원 대 중반으로 크지 않다. 누적 가입자가 3000만 명인데 이것으로 만족할 수 있나?

지역 광고와 비즈 프로필을 더 개인화해서 잘 연결하다 보면, 수익 모델을 찾을 수 있는 여지가 더 많을 거로 생각한다. 누구나 다 저렴하게 물건을 사고 싶어 하고, 또 잘 팔고 싶은 마음이 있다. 더 많은 이용자가 몰려들수록 이 지역 광고 시장 자체가 커질 것이라는 생각이 있다. 오프라인에서 인터넷 시대로, 모바일 시대로 넘어오면서 지역의 콘텐츠도 점점 온라인이나 모바일로 옮겨가고 있지 않나. 지역 광고라는 기회도 그만큼 늘어날 것이다.

단순한 지역 홍보 광고나 소상공인의 가게뿐만 아니라 지역에서 특정 서비스를 제공하는 사람들과도 연계하며 확장하겠다는 것인가?

그렇다. 우리가 직접 무언갈 운영한다기보다 기존에 있던 업체를 잘 연결해서 광고 수수료를 받을 수 있지 않을까 생각한다. 동네에서 이런 식으로 연결될 수 있는 콘텐츠는 많다. 청소나 부동산 등도 여기에 해당한다. 이들은 결국 오프라인에서 이뤄져야 하는 서비스다. 때문에 이런 서비스는 모두 위치 기반 지역 광고를 원한다. 그런데 그런 지역 광고를 잘할 수 있는 플랫폼은 별로 없다. 동네를 타깃하고 지역 광고를 할 수 있는 거의 유일한 플랫폼이 당근마켓이기 때문에 지역 광고의 가능성을 크게 보는 것이다.

악성 게시물과의 전쟁

수익 구조와 별개로 당근마켓은 명실공히 국내 최대의 중고거래 플랫폼이다. 하지만 성장과 동시에 다양한 잡음 또한 발생하고 있다. 워낙 많은 이용자가 게시글을 작성하다 보니, 당근마켓이 미처 시스템적으로 필터링하지 못한 게시글이 등록되고, 또 이것이 여기저기 퍼지면서 문제가 발생하기도 했다. 일례로 2020년에는 신생아를 유료로 입양(판매)하고자 하는 한 이용자의 글이 당근마켓에 올라왔다. 이 게시물은 수분간 이용자들에게 노출됐는데, 결국 온라인 커뮤니티 여러 곳에도 퍼지면서 경찰 수사가 진행됐다. 당근마켓은 해당 게시글을 신속하게 숨김 처리하고 수사에 협조하는 등 최선을 다했으나, AI 시스템을 통해 해당 게시물을 미리 필터링하지 못했다는 점에서 많은 비난을 받았다.

당근마켓에서는 AI가 매일 업로드되는 수십만 건의 게시글 중에서 마약이나 총기와 같은 금지 품목을 찾아내 삭제하고, 사기꾼이나 전문 판매업자를 걸러내는 역할을 한다. 해당 AI는 기본적인 금지 품목 외에도 이용자들이 신고하여 처리된 게시글을 기준으로 금칙어를 지속적으로 학습하고 있다. 다양한 사건들을 겪으면서 적절하지 않은 게시글에 대응하기 위한 방안은 계속 발전하고 있다. 게시글을 사전에 검수하고, 실시간 모니터링을 지속하는 것은 물론 이용자 신고 제도를 강화하고, 키워드를 정교화하며 AI·머신러닝 기술 강화를 통해 문제 게시글을 더 세분화해 필터링하고자 한다.

당근마켓은 문제가 되는 글을 작성하거나 사기 행위를 한 이용자에게 엄격한 사후 조치를 하는 것으로 알려져 있다. 당근마켓에서 이용자가 사기 거래를 시도하거나 실제로 실행하면 그것이 비록 단 한 건일지라도 최고 수위의 제재가 들어가 이용 정지를 당하게 되며, 재가입도 불가능하다. 해당 이용자가 다른 전화번호로 가입을 시도하더라도 시스템을 통해 동일한 인물임을 판별, 즉시 차단되도록 하고 있다. 또한 문제를 일으킨 사용자가 당근마켓을 탈퇴하더라도 해당 정보를 보유함으로써 추후 경찰에 신고가 접수될 경우 적법한 절차에 따라 수사에 필요한 정보들을 제공해 법적 처벌이 이루어지도록 돕고 있다.

당근마켓은 이미지 변신에 성공할 수 있을까? 당근마켓이 직면한 도전은 가볍지 않다. 나쁜 목적을 가진 사용자들의 게시글 작성 요령은 당근마켓 팀이 AI 필터링을 업데이트하는 것에 맞춰 진화하고 있다. 몇 악성 게시물이 커뮤니티나 언론을 통해 퍼지며 당근마켓 플랫폼 자체에 대한 부정적인 시선도 존재하고 있다. 수익화에 대한 부분 역시 의문점이 남는다. 현재의 주된 매출원인 지역 광고 외에도 지역 사회에서 수익화할 수 있는 고도화된 서비스를 찾아야 하는 상황이다.

하지만 당근마켓이 이룬 성과 역시 만만치 않다. 누적 가입자 수 3000만 명 이상을 달성하며 모든 플랫폼 서비스의 염원인 풍부한 트래픽 생성을 이룬 것은 물론 전국을 자잘한 하이퍼 로컬 커뮤니티로 쪼개는 것에도 성공했다. 이제는 이 각각의 커뮤니티를 개별적으로 어떻게 운영하는 것이 가장 효과적이고 효율적인지에 대한 고민이 필요해 보인다. 글로벌 진출을 시도하는 당근마켓은 성장통을 넘어 안정적인 하이퍼 로컬 시장을 개척할 수 있을까? 김재현 공동 대표에게 물었다.

성장통을 넘어, 세계로

규모가 커지면 성장통도 뒤따른다. 요즘 휴대 전화 등을 거래 물품으로 올리면 제일 먼저 반응하는 게 나중에 만나 보면 업자였다는 피드백도 있다. 취지와 어긋난 활동엔 어떻게 대응하나?

중고 거래를 전문적으로 하는 업자들은 사실 요즘 갑자기 나타난 게 아니라 7년 전부터 꾸준히 계속 있었다. 우리도 진짜 이 동네에 사는 이용자들끼리만 거래할 수 있게끔 최대한 그런 분들을 필터링하는 등의 기술적 작업을 계속하고 있다. 물론 우리가 노력하는 만큼 업자분들도 방식을 고도화한다. 최근 들어 그런 사례가 많아졌다는 얘기가 들리긴 하지만 우리 역시 지속적으로 새로운 방식에 맞춰 대응하고 있다.

인터뷰 중인 SBS 정명원 기자와 김재현 대표 ©SBS

당근마켓에 올라온 부적절한 글이 다른 커뮤니티에 퍼져 논란이 된 적도 있었다. 반사회적인 악성 게시물은 어떻게 필터링 중인가?

그나마 당근마켓의 피드는 동네별로만 볼 수 있는 C2C(소비자 간 상거래) 게시판 성격이라 전국적으로 문제가 될 만한 게시물이 퍼지는 것이 구조적으로 어렵긴 하다. 그럼에도 1~5초 이내에 그런 게시글을 판독하고 안 보이게끔 하는 기술을 계속 연구하고 발전시키고 있다. 머신러닝, AI 기술이 지금도 계속 콘텐츠를 필터링하고 있다. 자동으로 걸러지는 시스템을 강화함과 동시에 자동으로 필터링이 안 되는 소수의 악성 게시물들에 대해서는 유저 신고 등 사용자 인풋을 받는 걸 유도하기도 한다. 신고가 이뤄지면 더 빠르게 처리되게끔 고도화하고 있다.

<u>요즘 해외 시장에서도 하이퍼 로컬 개척으로 승부를 보려는 것 같다. 전략은 무엇인가?</u>

당근마켓은 처음에 판교라는 지역에서 시작하지 않았나. 현재 일본과 캐나다로 진출하고 있는데 이처럼 해당 국가에서도 특정 지역을 먼저 겨냥하려 한다. 그 특정 지역의 이용자부터 잘 쓸 수 있게끔 하는 게 중요하다고 보기 때문이다. 세계적으로 우리나라는 모바일 발전이 빠른 편이다. 스마트폰 보급률도, 활용하는 수준도 높다. 모바일 시대에 잘 안착시킨 우리의 서비스를 비슷한 나라에서 뿌리내릴 수 있겠다는 생각으로 도전하고 있다. 현재 해외 시장에 진출한 지는 한 2~3년 정도 됐다. 따라서 이제 막 시작이라고 봐주면 좋겠다.

<u>개척자들에게 묻는 공식 질문이다. 어디선가 또 다른 개척을 꿈꾸고 있을 이들에게 꼭 해주고 싶은 이야기가 있다면?</u>

일단은 기술이 발전하고 급변하는 시대지 않나. 평상시에 안

주하지 말고 늘 새로운 쪽으로 생각하고 새로운 곳에서 기회를 찾으면 좋겠다. 당근마켓도 모바일 시대가 시작되며 동네 이웃을 모바일로 연결하겠다는 비전을 만들기 시작했다. 새로운 플랫폼이나 환경에서 기회를 찾으려는 노력을 끊임없이 해야 한다고 생각한다.

여기에 더해, 배우고 적용하고 실험해 보는 이 사이클을 빠르게 도는 게 중요한 것 같다. 실패했건 흥했건 가설을 설정해 그걸 빠르게 이용자들과 실험해 보고, 거기서 배우고, 그 배운 것을 토대로 시야를 넓히면 한 발자국 더 나아갈 수 있는 길이 생긴다. 그 배움을 기반으로 또 다른 걸 할 수도 있다. 한 발짝 한 발짝씩 끊임없이 노력하면 좋겠다.

3 리멤버, 명함은 커리어다

명함 관리의 대안을 제시하다

2013년 7월에 설립된 드라마앤컴퍼니는 2014년 1월 명함 관리 애플리케이션 '리멤버'를 론칭하며 현재까지 3억 장 이상의 누적 명함을 보유한 국내 1위 명함 관리 서비스로 자리 잡았다. 초기에 경쟁 서비스들이 분명 존재했으나, 문자 인식 기술의 한계로 명함 입력의 정확도가 낮고 여러 번 수정해야 하는 불편함에 시장의 선도자가 나타나기 어려웠다. 이에 반해 리멤버 서비스는 명함 입력의 정확도를 높이기 위해 초창기 약 1500명의 타이피스트typist를 고용해 수기로 명함 정보를 입력하고 소비자들의 만족도를 높일 수 있도록 했다.

비즈니스를 하는 많은 사람들은 쌓이는 명함을 관리하지 못해 적절한 대안을 계속 기다려왔기에 입력 정확도만 높다면 리멤버를 사용하지 않을 이유가 없었다. 초기에는 완전히 수기로 하나하나 입력되던 명함들은, 이후 OCR(Optical character recognition·광학식 문자 판독 장치)을 도입해 하이브리드 방식으로 입력됐다. OCR이 채우지 못하는 것을 사람이 수기로 입력하는 방식을 의미한다. 현재는 95퍼센트의 명함이 자동으로 입력되고 있으며 명함의 개인 정보 유출에 대한 우려 또한 줄었다.

리멤버를 한 번 이용하기 시작한 사람은 계속해서 이용하게 된다. 이직할 때마다 새 직장의 명함을 리멤버에 새롭게

최재호 드라마앤컴퍼니 대표의 책상 ©SBS

입력하게 되는데 이 때문에 이용자는 리멤버를 이용하는 내내 본인의 커리어 패스를 리멤버 내에 쌓는 셈이 된다.

리멤버는 '경력직 스카우트 서비스'도 론칭했는데 이 서비스는 헤드헌터가 경력직을 쉽게 채용할 수 있게 도와주는 역할을 하고 있다. 2022년 9월 기준으로 누적 300만 건이 넘는 스카우트 제안이 리멤버에서 오갔으며, 현재도 이 규모는 빠르게 성장하고 있다. 그 외에도 국내 분야별 전문가들이 데일리 경제·경영 콘텐츠를 제공하는 '리멤버 나우', 직장인들이 고민과 지식을 교류할 수 있도록 만든 '리멤버 커뮤니티'를 운영하고 있다.

리멤버가 명함에서 커리어 시장으로 나아가기까지의 과정은 고통의 연속이었다. 수많은 명함 앱 사이에서 어떤 차별화 전략을 취해 시장을 제패할 수 있었는지, 리멤버를 운영하는 최재호 드라마앤컴퍼니 대표에게 물었다.

혁신을 위한 무모한 도전

명함에서 시작해 커리어 시장까지 진출했다. 명함에서 어떻게 혁신을 봤나.

혁신을 완전히 새로운 서비스에서 만들어 낼 것인지 아니면 이미 사람들에게 익숙한 것을 옮기면서 시작할 것인지의 선택지에서 전자는 쉽지 않다고 봤다. 첫째로, 아예 완전히 새로운 서비스는 이미 시도해 봤다. 그랬더니 갑자기 생긴 이 새로운 공간에 사람들이 우르르 들어와 사용하는 그림은 만들어지지 않았다. 그렇다면 이미 오프라인에서 익숙하게 쓰던 무언가의 매개체를 잡고 그것을 온라인으로 전환하는 게 더 현실성 있는 시도가 아니겠냐는 생각에 도달했다. 명함이라는 건 매우 작지만 어찌 보면 비즈니스 신분증과 같지 않나. 이걸 온라인 플랫폼화만 시킬 수 있다면 혁신의 출발점이 될 거라고 판단했다.

최재호 드라마앤컴퍼니 대표 ©SBS

리멤버가 처음 시작할 때 이미 명함 앱은 많지 않았나. 차별화가 어려웠을 텐데.

당시에 한 20개 넘는 명함 앱들이 있었는데 개수만 많았지 이용자들의 만족도가 굉장히 낮았다. 설문 조사를 해보니 명함 관리 앱을 쓰는 사람 중 만족하며 서비스를 계속 쓰는 비율은 10퍼센트 정도밖에 안 되더라. 90퍼센트는 지금은 해당 서비스를 계속 쓰고 있지 않다고 답했다. 왜 그런지 여쭤보니, 편의를 위해 명함 앱을 써서 명함 사진을 찍었는데 정확하게 입력이 안 되니 결국 일일이 확인하고 수정하는 그 번거로움 때문에 지금은 안 쓴다는 것이다. 명함 앱은 많지만 고객을 만족시키는 서비스는 없다는 점에서 기회가 있다고 봤다.

초기에 타이피스트 1500명을 고용해서 다 타이핑했다고 알고 있다. 어떻게 보면 상당히 무모한 도전인데 가성비가 감당이 됐나?

가성비는 당연히 심하게 안 나왔다. 거의 비효율의 극치라고 볼 수 있지만 효율이 좀 덜 하더라도 어떻게 하면 고객을 놀라게 만들 수 있는가가 우리에겐 중요했다. 명함이라는 게 정확하게 인식이 안 되면 전화가 잘못 가고, 이메일이 잘못 가고 하는 문제가 된다. 그래서 엄청나게 정확해야 했다. 기술의 한계가 거기까지라면, 나머지를 정확성을 어떻게 담보할 것인가를 고민했던 것 같다.

방식이 궁금하다. 이용자가 명함을 찍으면 그걸 보고 있다가 치는 건가? 아니면 명함을 갖다 주면 그걸 치는 건가?

사용자들이 앱에서 명함을 촬영해 놓으면 그게 우리 서버에 올라온다. 그 이미지를 보고 타이핑하는 방식이었다.

계속 그렇게 할 순 없었을 테니 뭔가 기술 개발을 했을 텐데 그것이 광학식 문자 판독 장치인가?

그렇다. 물론 처음에 사람이 입력하는 방식은 매우 정확하기에 이용자들이 매우 좋아할 수 있는 포인트다. 하지만 당연하게도 지속 가능한 모델이 아니었다. 그래서 결국 기술로 자동화를 해야겠다는 생각이 있었다. 그냥 기술 연구만 한다고 될 일이 아니라, 정확하게 입력한 이런 정보들을 머신러닝의 학습 데이터 역할로 활용할 수 있다면 결국 기술을 고도화시켜 나중에 자동화할 수 있겠다고 생각했다.

결국 기술의 핵심은 오타를 줄이는 것인데, 그 기술 개발 과정이 얼마 정도 걸렸나.

수기 입력으로 2년 정도 하고 난 다음에 일차적인 자동화를 한 번 했다. 당시 80퍼센트 정도 자동화부터 시작했는데 이미 사람들이 수기 입력하고 있는 정보들이 있으니 기술을 통해서 한 번 입력한 정보를 두 번 입력하지 말자는 관점에서 도입했다. 그것이 어느 정도 성과를 거뒀고 지금은 거의 기술이 입력한 정보와 수기로 교정한 정보의 선순환 자체가 고도화되고 있다. 현재는 95퍼센트 이상의 자동 입력을 하고 있다.

오차를 확 줄였을 때 실질적으로 이용자들의 반응이 체감되던가?

사용자 입장에선 정확도가 더 늘었다고 느끼진 않았을 거다. 사람이 입력하는 만큼의 정확도를 유지한 채, 수기 입력이 아닌 자동 입력으로 뒤에서 바꿔 냈던 것이기 때문이다. 다만 우리 입장에선 수반되는 입력 비용이 굉장히 최소화되는 과정이었다.

처음에 우리 서비스의 태그라인tagline은 '명함 관리 비서'로 콘셉트를 잡았다. 우리는 이용자분들이 명함을 찍기만 하면 비서들이 한 땀 한 땀 정성껏 수기로 다 입력해 드리겠다, 정말 100 프로를 입력해 드리겠다고 얘기했던 약속을 지킨 거다. 사실 명함을 찍는 것 자체도 좀 부담되시는 분들이 있었다. 명함이 몇백, 몇천 장이 쌓여 있는 경우도 있으니 그걸 다 찍는 것도 일이기 때문이다. 그분들께는 명함을 전부 택배로 보내라고 해서 우리가 다 받아 아예 대량으로 명함을 스캔하는 형태로 6년 정도 서비스를 제공했다. 무료로 시작했다가 나중엔 유료화하긴 했지만 말이다.

명함 앱에서 스카우트 강자로

명함 관리 앱으로 출발한 리멤버는 어떻게 스카우트 시장의 강자가 되었을까? 흔히 경력직 이직 등을 위시한 서비스로 떠올리는 것은 링크드인Linkedin이다. 링크드인은 미국 중심의 비즈니스 전문 소셜 미디어로, 일반적인 소셜 네트워크 서비스와는 다르게 이용자들이 본인의 공적인 스펙(학력, 이력, 추천서 등을 기록한 온라인 이력서)을 전시하고, 서로 구인·구직 정보 및 업계 사람들의 정보 등을 파악할 수 있는 서비스다. 미국의 경우 경제 활동 인구의 90퍼센트 이상이 링크드인을 사용할 정도로 활성화가 되어 있다.

일본이나 우리나라는 경제 인구의 단 3퍼센트 정도만 링크드인을 사용하고 있다고 한다. 이는 문화적 차이에 기인한다. 링크드인을 통해 이직할 의향이 있다는 사실이 공공연하게 드러나는 것 자체를 한국 사회에서는 서로 불편해하는 분위기이기 때문이다. 최재호 대표는 처음에 왜 한국에서 링크드인은 잘 사용되지 않을까에 의문을 가졌다고 한다. 그는 폐쇄적인 접근으로 부담을 주지 않으면서 커리어 정보를 공유할 수 있는 방식에 대해 고민을 거듭하다 서로 명함을 주고받는 한국의 비즈니스 문화에 주목하게 됐다.

리멤버가 국내 1위 명함 관리 앱으로 등극하면서 많은 이들이 리멤버를 이용하게 됐지만, 한편으로 리멤버가 어떤 방식으로 수익을 창출할 수 있을까에 대한 의문이 많았다. 리멤버는 명함 데이터를 기반으로 서로 인맥이나 직원을 소개해 주는 인맥 라운지를 운영하거나 비즈니스 채팅 기능을 넣기도 하고, 연결된 사람들끼리 비즈니스에 특화된 선물을 주고받을 수 있도록 하는 선물하기 기능을 도입하는 등 다양한 수익화 방안에 대해 고민해 왔으나 좋은 결과를 얻지는 못했다.

결론적으로 2018년까지 리멤버는 이렇다 할 수익 모델 없이 명함 관리 애플리케이션만 운영하면서 착실하게 회원 수를 늘려갔다. 사실 최재호 대표가 처음 회사를 설립할 땐 명함 앱을 최종 목표로 설정한 건 아니었다고 한다. 명함 앱은 모든 직장인이 사용하는 비즈니스 소셜 네트워크로 나아가기 위한 발판으로 생각한 것이다. 그런데도 이 서비스에 다른 수익화 모델을 붙여 유의미한 수익을 발생시키기까지 이렇게 오랜 시간이 걸릴 줄은 생각도 하지 못했다는 후문이다. 이런 상황을 타개하기 위해 최 대표는 명함 서비스를 운영해야 하는 일부 인력을 제외한 나머지 인력들이 명함 앱에 붙일 수 있는 다른 서비스 도입에 주력하도록 회사의 운영 방향을 크게 바꿨다.

2018년 초, 리멤버는 신규 서비스 론칭을 위해 사람들이 자신의 명함 정보를 외부에 공개하고자 하는 니즈가 있는지에 대한 작은 서베이를 실시했고, 무려 80퍼센트의 응답자로부터 수요가 있음을 확인했다. 공개하고자 하는 이유로는 개인 PR, 사업 홍보, 이직 기회 노출, 네트워킹 등이었다. 이런 인사이트를 기반으로 2019년 초부터 전문가와 네트워킹이 가능하며, 커리어 제안을 받아볼 수 있고, 전문가 검색도 가능한 서비스를 시작한다는 홍보와 더불어 명함 사전 등록 신청을 받았다. 홍보 3일 만에 1만 명의 이용자가 사전 등록 신청을 했다.

현재 리멤버는 커리어 제안에 니즈가 있는 명함 등록자들의 정보를 기업 인사팀과 리크루터(헤드헌터)를 대상으로 제공하는 비즈니스를 진행 중이다. 이는 리멤버가 수년간 축적해온 명함 정보가 있었기 때문에 가능한 것이었다. 리멤버는 넓은 분야의 다양한 직종(교수, 의사, 대기업 연구원, 스타트업 직원, 건설 회사 임원 등)을 회원으로 보유하고 있어, 그만큼 다양한 직군의 현직자들에 대한 데이터가 있다, 앞으로도 지속적으로 명함 데이터를 쌓는다면 커리어 시장 내에서 탄탄한 지위를 유지할 수 있을 것으로 보인다.

리멤버 서비스가 '한국형 링크드인'을 표방하는 만큼, 서비스 성장의 큰 흐름은 기존에 링크드인이 성장했던 방식을 유사하게 따르고 있다. 명함 업로드 서비스로 시작했기에 실제로 여전히 명함 서비스로 가장 유명하긴 하지만, 현재는 그렇게 축적한 명함 데이터를 기반으로 채용 시장에서 강세를 보이는 것이다. 리멤버의 스카우트 서비스는 경력자와 고

리멤버의 사무실 ©SBS

연봉자의 헤드헌팅이 활발하게 일어난다는 점과 현직자를 겨냥한다는 두 가지 특징이 있다.

기존의 채용 플랫폼은 신입, 낮은 연차 직원들을 대상으로 서비스하는 경우가 많았다. 이들이 적극적으로 채용 플랫폼을 활용하고 있기도 하거니와 많은 기업들이 채용 플랫폼을 통해 높은 연차의 경력직을 고용하는 것에 부담감을 가지고 있었기 때문이다.

반면, 리멤버는 연봉 7000만 원 이상의 전문직 및 고연차 채용 시장에서 독보적인 1위를 차지할 것으로 기대되고 있다. 명함 앱에 기록돼 있는 커리어 패스Career path 기반의 제안이기에 연차가 높은 이용자들이 이직할 때 이용하기 좋은 플랫폼이 되는 것이다. 실제로 2022년 9월 기준 리멤버를 통해 진행되는 스카우트 제안 연봉은 평균 8800만 원인 것으로 집계됐다. 이는 2021년 통계청 발표 기준 대한민국 직장인 평균 연봉 대비 세 배 이상에 달하는 액수다.

현직자 타깃 공고 역시 눈여겨볼 부문이다. 이직을 결심하고 채용 플랫폼을 방문하는 '적극적 구직자'가 아닌 현재 직장을 잘 다니고 있는 '현직자'에 집중한다는 건 어떤 의미일까? 현직자의 특징은 지금 당장 적극적으로 이직을 하고자 하진 않으나, 더 좋은 조건의 제안이 들어올 경우 이를 긍정적으로 검토할 수 있는 사람들이라는 점이다. 대부분의 현직자는 이직 생각이 없어 채용 플랫폼을 거의 방문하지 않기 때문에 전형적인 채용 시장 내에서는 기업이 현직자에게 접근할 방법이 많지 않았다.

리멤버는 기존의 일반 채용 플랫폼이나 자사 채용 사이트가 접근할 수 없는 현직자들에게 앱 내 푸시 알림 등을 통해 맞춤형 채용 정보를 전달하고 있다. 이 서비스를 통해 이직한 사람들이 말하는 리멤버 서비스의 대표적 장점은 이직 제안을 통해 본인의 시장 가치에 대한 객관적인 피드백을 받을 수 있다는 점이다. 게다가 전혀 생각지도 못했던 여러 산업군으로부터 이직 제안이 들어오기에 다양한 도전을 할 수 있다는 점도 장점으로 꼽힌다.

링크드인도 뚫지 못한 한국 시장에서 리멤버는 어떤 가

능성을 봤고 어떻게 공략했을까? 경력자와 기업을 어떻게 성공적으로 연결할 수 있었을까? 그 비결을 최재호 대표에게 물었다.

링크드인을 넘어선 비결

명함 앱에선 1등이 됐지만 이후 진행한 비즈니스 라운지나 채팅 등은 잘 안됐다. 뭘 놓쳤고 뭘 배웠나?

당시 이용자가 150만 명 정도 됐었다. 2014년부터 3년 정도 가입자를 열심히 확보한 결과다. 이 정도면 규모가 어느 정도 된다고 판단하고 이를 기반으로 여러 서비스를 붙여 나가려고 했다. 인맥 라운지나 비즈니스 메신저, 그 안에서의 선물하기 기능 등을 시도한 게 2017년이다. 그런데 하나같이 다 잘 안 됐다. 그때 깨달았다. 규모가 여전히 부족하다는 걸 말이다. 150만 명이면 어느 정도 규모가 됐다고 봤지만 진정한 플랫폼 비즈니스를 하기에는 규모가 여전히 더 컸어야 했다는 걸 서비스 운영 중 알게 됐다.

그러나 2017년에 시도했던 서비스와 가설이 실패했다고 생각진 않았다. 규모가 좀 더 커진 뒤에 다시 시도해 볼 수 있는 지점이라 생각하고 2018년도에 방향을 바꿨다. 새로운 걸 붙여서 서비스를 확장하려는 시도를 잠시 접고 일단 규모를 무조건 더 키우자고 판단 하에 성장에 몰두했던 기억이 있다.

> 처음부터 명함 관리에 머물지 않고 확장을 염두에 뒀다는 뜻으로 들린다. 그런 점에서 2019년의 설문 조사가 가지는 의미가 컸겠다.

2019년도 2월에 실시한 설문 조사였다. 2018년 한 해 동안 서비스를 열심히 잘 성장시켰고 규모가 더 늘었기 때문에 이 규모를 가지고 다시 서비스 확장에 도전해 봐도 좋겠다고 판단했다. 하지만 명함이라는 비즈니스 신분증의 정보를 우리가 가지고 있다고 해도 이용자들이 우리더러 마음껏 쓰라고 주신 정보는 아니지 않겠나. 다른 식으로 활용을 할 수 있어야 하는데 그러려면 이용자들의 동의가 필요했다. 구인 구직 사업을 하려고 해도 해당 정보들을 다른 회사 인사팀이 봐도 되는지 등을 여쭤봐야 하니 말이다.

정보를 받기 전에 이 과정을 설문 조사 같은 형태로 먼저 확인한 것이다. 그래서 본인의 프로필 정보가 다른 사람들에게 공개되고자 하는 니즈가 있는지 그리고 그 니즈가 있는 사람은 주로 어떤 사람들이고 어느 정도 규모로 니즈가 있는

회의 중인 리멤버 팀 ©SBS

지를 빠르게 일주일 정도 확인을 했다. 그 결과 역시 이런 수요가 강력하게 있었다는 걸 확인하고 2019년 2월부터 본격적으로 프로필 정보를 받기 시작했다.

설문의 답변들이 궁금하다. 내 비즈니스 정보를 오픈해도 된다는 의견들이 많았나?

명함을 다른 분한테 공개하면 어떻겠냐고 이용자들께 쉽게 물어는 봤지만 사실 명함 정보 그대로 공개한다는 느낌은 아니었다. 나의 프로필을 공개한다면 어떤 니즈를 가지고 노출하고 싶은지에 대한 질문이었다. 우세했던 답변 중 '더 나은 커리어 기회를 제안받기 위해서는 필요한 영역에 오픈할 수 있다'라는 게 가장 컸고, 두 번째로는 '내가 교류하고 싶은 대상자들과 네트워킹하기 위해서 그런 공간에 노출하는 것은 희망한다' 혹은 '나 자신을 좀 더 홍보하고 영업 활동에 도움되기 위해서 오픈하고 싶다'는 결의 답변이 많았다.

<u>현재 경력직 이직에 있어 가장 중요한 플랫폼으로 성장 중이다. 다만, 이미 유명한 링크드인이 있지 않았나. 리멤버가 경쟁력이 있을 것으로 봤던 이유는?</u>

링크드인은 미국에서 시작한 서비스고 우리가 스카우트 시장으로 확장할 당시 서양에서는 굉장히 잘 되고 있었다. 그런데 한국이나 일본 같은 아시아 국가에서는 경제 인구의 3퍼센트 미만만 사용할 정도로 침투율이 낮더라. 왜 이런 극명한 차이가 발생하는지 분석해 보니 미국 같은 곳에서는 내 프로필을 만인에게 공개하며 이직에 열려 있다는 의사를 보이는 게 크게 흠이 아닌데, 한국 사회에서는 그게 심리적 불편을 야기하는 것으로 봤다. 그 지점을 우리가 굉장히 미세하게 보완하면 한국에서 잘 작동할 수 있는 서비스가 될 것이란 기대를 가졌다.

경력직에 초점을 맞출 땐 회원들의 명함도 명함이지만 기업들과 잘 매칭하는 게 중요하지 않나. 어떤 식으로 접근하며 설득했나?

서로의 선순환 바퀴를 계속 돌렸다. 일단 사전 등록을 먼저 받았다. 우리가 경력직 스카우트 플랫폼을 만들 건데 여기 프로필을 올려놓으시면 기업이나 헤드헌터로부터 스카우트 제안이 올 테니 등록을 희망하는 분들이 있는지를 물은 것이다. 이렇게 사전 등록 과정을 한 5개월 정도 거치니 10만 명의 프로필이 모였다.

이를 기반으로 기업의 인사팀이나 헤드헌터분들에게 10만 명의 좋은 경력직 풀이 모였으니 이 공간에서 검색도 해보고 스카우트 제안도 보내 보라고 했다. 회원들에게는 기업과 헤드헌터들이 열심히 제안을 보내고 있으니 빨리 등록해 보시라 말했다. 이런 선순환 끝에 5개월 만에 50만 명이 등록했고, 이 50만 명을 기반으로 다시 기업과 헤드헌터분들에게 제안하는 형태였다.

만남 주선 사업과 비슷한 것 같다.

비슷하다. 구직자와 구인 기업 간의 매칭 업이기 때문에 양쪽

중 어느 한쪽만 있어서는 돌아가지 않는다. 그래서 계속 이 선순환이 필요하다.

<u>그 과정에서 이용자와 인사팀이 제기한 질문이 각각 달랐을 것 같은데 어떤 반응이 있었나?</u>

일단 구직자들은 정보를 입력하는 것에 대한 허들이 좀 낮았으면 좋겠다는 생각을 늘 할 거다. 하나의 이력서를 쭉 써 내려가는 건 굉장히 번거로운 일이기 때문이다. 우리는 약식 형태의 프로필이라 할 수 있는 명함을 이미 받아놨기 때문에 이를 베이스로 해서 간략히 추가 정보를 입력하면 쉽게 이력이 완성되는 형태로 구성했다.

다음으로는 커리어 기회에 열려 있음을 보여 주고 싶지 않은 곳에는 보이지 않게 해달라는 이용자 요청을 해결하고자 했다. 특히 자신이 재직하는 회사에서는 못 보게끔 막아달라는 요청이 많았고 그 회사뿐만 아니라 이용자 각자가 별도로 설정한 기업들에서도 못 보게끔 막아 달라고 해서 그 부분도 처음부터 적용하고 시작했다. 이게 구직자들의 니즈를 만족시켰던 부분이다.

기업들은 스카우트하고 싶은 인재의 풀에 마음껏 닿고 싶다는 게 가장 큰 니즈였다. 이 공간에서는 특정한 어떤 산업

군에, 어떤 직무의, 특정 기업의, 특정 연차의 분들을 다 원하는 대로 검색하고 메시지를 보낼 수 있었기 때문에 이런 니즈는 규모가 커지고 인재의 풀이 늘어나면 늘어날수록 자연스럽게 잘 해결됐다.

말은 쉽지만 그걸 개발하려고 들면 굉장히 복잡할 것 같다.

이미 등록할 때 어느 정도 정보들을 받아서 분류했던 게 주효했다. 연차도, 인더스트리도 받고 직무의 카테고리도 받아서 일차적인 작업이 된 상태였다. 다음으로는 적합한 키워드에 검색 결과로 나온다든지 특정 카테고리로 좁혀 들어갈 때 원하는 인재를 쉽게 찾아낼 수 있게 해야 했는데, 이건 뒤에서 우리가 열심히 작업했다. 사실 우리가 명함 사업을 하면서 데이터베이스를 가공하고 매핑mapping하는 역량이 잘 축적되어 있었기에 구인 구직 플랫폼으로서 역할을 할 때도 큰 도움이 된 것 같다.

직업 제안의 건수라든지 앞으로의 성장성을 담보할 만한 기준은 어떻게 잡고 있나?

스카우트 제안이 누적으로 100만 건 정도가 나가는 그 시점, 그리고 한 달에 경력직에게 나가는 제안이 10만 건 정도 되는 시점부터 판도가 바뀔 거라고 봤다. 실제로 그랬다. 현재는 한 달에 20만 건 정도의 스카우트 제안이 나가고 있고 누적으로도 350만 건 정도 제안이 나갔다. 이 정도 규모가 되니까 적어도 경력직에 핵심 인재라고 할 경우 과거 잡 포털job portal에 가서 커리어 기회를 살펴보는 것보다 리멤버에 프로필을 올려놓고 스카우트 제안을 받는 것을 메인으로 바라보는 움직임이 훨씬 커진 것 같다.

리쿠르팅 서비스와 커뮤니티

현재 리멤버 안에서 활동하는 헤드헌터나 기업 인사팀 숫자는 얼마나 되나?

리멤버의 플랫폼을 실제로 구인 기업 쪽에서 쓰는 경우는 두 가지다. 일단 기업에서 직접 들어와서 쓰는 게 첫 번째다. 약 1만 2000곳 정도의 기업 인사팀에서 채용 제안들을 보내고 있다. 두 번째로는 그 기업에서 의뢰를 받은 헤드헌터들의 경우다. 약 1000명 정도가 활동하고 있다. 과거엔 더 규모가 컸었는데 최근에는 더 엄선된 풀로만 제공하고 있어 지금의 숫자가 나왔다. 두 그룹 모두 리멤버를 쓰는 이유는 인재 풀이 풍부하기 때문이다. 자신들이 원하는 인재 풀에 닿고 싶어도 과거에는 접촉할 수 있는 면이 굉장히 제한적이거나 기존 플랫폼 대한 아쉬움이 있었다면, 우리 플랫폼엔 잡 포털에 없는 인재들이 많고 각각이 수준도 높으니 선호하게 되는 것이다.

커리어 서비스의 메인 타깃이 약간 높은 연봉의 중간 관리자 그룹인가?

기존의 구인 구직 시장은 두 판이었다. 하나는 신입 공채와 경력직의 로우엔드low-end 쪽을 커버하는 잡 포털 시장이다. 다른 하나는 경력직의 미드엔드mid-end 쪽을 담당하던 헤드헌팅 시장이다. 그런데 잡 포털보다 헤드헌팅 시장이 거의 두세 배 정도 더 큰 시장이었다. 오프라인으로 움직이는 시장이기도 했다. 우리는 그걸 플랫폼 형태로 혁신하려는 시도를 하고 있는 것이다. 그래서 아예 헤드헌터를 거치지 않고 일반 기업에서 직접적인 헤드헌팅을 할 수 있는 플랫폼을 제공하기도 하고, 여전히 헤드헌터를 통해서 채용을 하는 경우엔 헤드헌터가 플랫폼을 활용할 수 있게 하는 형태로 혁신해 나가고 있다.

리멤버는 이직이 성사되면 성공 보수나 중개 수수료를 받나?

기업이나 헤드헌터로부터 플랫폼 이용료를 받거나 성사 수수료 형태로 이용료를 받는 두 가지 형태가 있다. 정액형의 이용료나 성사형 이용료 중 직접 선택할 수 있는 구조다.

커뮤니티를 활발하게 운영하는 것 같다. 이미 커뮤니티는 많은데, 출시 당시 차별화 포인트는 무엇이었나?

명함이라는 서비스가 여전히 중요한 중추고 계속 더 키워 나가겠지만 사실은 이는 하나의 교두보였다. 리멤버는 계속 서비스를 확장할 수 있음을 증명하는 과정 위에 있고 그러려면 플랫폼 파워를 키워야 했다. 새로운 직장인들을 유치하고 기존 이용자들의 체류 시간을 늘리며 더 자주 방문할 수 있는 서비스가 추가되면 다양한 서비스를 확장할 수 있고 이 플랫폼의 기반이 더 탄탄해질 것이라 생각했다.

직장인들의 정보 교류와 네트워킹 니즈를 건드릴 수 있는 커뮤니티 서비스가 그것이다. 기존에 있던 커뮤니티 서비스들은 음지에서, 주로 네거티브한 측면의 소통을 중심으로 하는 게 핵심 경쟁력이었다. 만약 긍정적이고 건설적인 정보 교류와 네트워킹의 문제를 풀 수 있다면 우리에게 훨씬 더 승산이 있을 것이란 생각으로 시작했다.

생각한 전략대로 잘 풀렸나?

우리 커뮤니티 서비스엔 다른 커뮤니티와 같은 티핑 포인트tipping point가 따로 없었다. 가령 자극적인 소재가 오갈 수 있는 곳이면 가끔씩 엄청난 티핑 포인트가 한 번씩 있을 텐데 우리는 일과 커리어에 대해 고민하시는 분들이 진지하게 정보 교류도 하고, 소통도 하고, 업계 뉴스에 대한 토론도 하고 이러다 보니 오히려 그런 확 튀는 트리거trigger는 부재했다. 하지만 사람들의 진정 어린 소통들이 계속 쌓이면서 이용자들이 이 공간을 신뢰하게 되고, 마음을 더 많이 주시면서 활동하는 것 같다.

리멤버 내 여러 커뮤니티 중 제일 잘되고 있는 것은 무엇인가?

리멤버는 여의도에 있는 직장인들이 워낙 많이 쓰는 앱이기도 해서 금융, 투자 직군 사람들이 모여 있는 커뮤니티가 아무래도 가장 많이 활성화돼 있다. 두 번째는 커리어나 이직, 연봉에 대한 고민과 화두들을 나누는 커뮤니티가 활성화돼 있다. 연말이면 이곳이 더 북적인다.

커뮤니티 외에 '나우'라는 콘텐츠도 제공한다. 콘텐츠 기업으로 가는 것 같단 생각도 든다.

우리는 직장인들이 가려워하는 지점들을 무엇이라도 최대한 잘 긁어내서 더 많은 직장인들이 리멤버 앱을 사용하게끔 하고 싶다. 그래서 발견한 니즈 중 하나는 일과 관련해 필요한 정보나 경제·경영·재테크 정보다. 여타 콘텐츠들과 달리 우리가 잘할 수 있는 계열의 콘텐츠를 만들어서 전달하면 어떨까 하는 생각이었다. 단순히 뉴스 같은 형태는 우리보다 언론사가 훨씬 더 잘할 것이다. 그렇다면 회원분들과 함께 소통을 만들어서, 어떤 한 사안에 대해 리멤버에 있는 각계각층의 전문가들이 견해를 다는 형태의 콘텐츠는 어떨까 실험해 보게 된 것이다. 가령 금리가 올랐다고 하면 이것은 하나의 뉴스일 수도 있지만 그 사안을 바라보는 각계각층의 견해가 담기면 되게 한 사안을 입체적으로 소화하는 콘텐츠가 된다.

리멤버의 수익 구조

리멤버는 이처럼 명함 서비스와 경력직 스카우트 서비스 외에도 커뮤니티 서비스를 운영하고 있다. 직장 생활과 관련된 다양한 질문과 답변을 포함해 취미나 사는 얘기 등 다양한 이야기가 올라오고 있어 이용자들의 체류 시간을 늘린다. 현재 여기에 따로 광고를 붙이고 있지는 않으나, 트래픽이 더 늘어나게 되면 광고를 통한 수익 창출도 가능할 것으로 보인다.

그렇다면 리멤버의 수익 구조는 어떻게 될까? 드라마앤컴퍼니는 리멤버를 통해 2021년 기준 약 58억 원의 매출을 기록, 전년 대비 194.5퍼센트 성장했다. 대부분의 수익이 경력직 스카우트 서비스(채용 솔루션)를 통해 발생하고 있으며, 비즈니스 프로필 기반의 B2B 타깃 광고인 마케팅 솔루션을 통해서도 수익이 증가하고 있다. 리멤버를 통한 커리어 제안 시 구직자는 전혀 비용을 지불하지 않고, 기업에게만 여러 가지 방식에 따라 중개료를 수취하는 방식이다. 기업은 이용 방식에 따라 리멤버와 연간 계약을 맺고 채용 횟수와 상관없이 구인할 수도 있으며, 채용이 성사되는 건당 일정 수수료를 내는 방식으로 서비스를 이용할 수도 있고, 정해진 기간 동안 무제한으로 스카우트 제의를 할 수도 있다.

그 외에도 기업의 시장 조사를 대행해 주는 리서치 서비스를 통해서도 수익을 발생시키고 있다. 직장인 이용자를

리멤버의 수익 구조

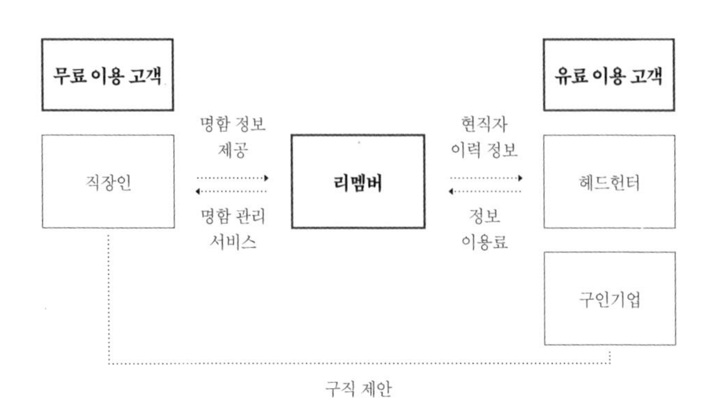

대상으로 빠르고 정교하게 분석을 도와주는 게 장점이다. 리멤버의 여러 서비스는 명함 관리 애플리케이션인 리멤버 내에서 제공되고 있으며, 채용 광고 역시 앱 푸시로 송출할 수 있고 이용자 수가 워낙 많아 따로 서비스 홍보 비용을 많이 들일 필요가 없다는 장점이 있다. 한편 2022년에는 경력직 스카우트 서비스 등의 홍보를 위해 TV 광고, 온라인 광고 등으로 공격적인 마케팅을 하기도 했다. 2022년 9월 기준 누적 300만 건이 넘는 스카우트 제안이 리멤버 내에서 오갔으며, 리멤버 플랫폼에서 활동하고 있는 리크루터 수는 약 1만 3000여 명에 이르고 있다.

리멤버는 2021년 말 2300억 원의 기업 가치로 1600억 원 규모의 시리즈 D 투자를 유치하고, 현재 플랫폼 경쟁력 강화를 위한 인재 채용과 M&A에 적극 나서고 있다. 시작은 명함 관리 서비스였으나, 채용 및 커뮤니티 서비스를 통해 직장인들이 일할 때 항상 필요로 하는 필수 비즈니스 포털이 되는 것이 목표라고 한다. 2022년에는 채용 서비스와 관련된 기업들만 세 곳을 인수하면서 업계의 이목을 끌고 있다. 앞서 언급한 것처럼 리멤버는 현재 경력직 이직에 특화되어 있는데, 신입 채용 전문 플랫폼을 인수함으로써 신입들을 사회 초년생 시절부터 확보해 리멤버 경력직 인재풀에 자연스럽게 편입시키려는 전략의 일환으로 보인다.

다만 리멤버는 여전히 명함 서비스로 가장 많은 사랑을 받는 만큼 수익화(채용 솔루션)에만 너무 집중해 명함 서비스에 소홀해지거나 이용이 불편해진다면 오히려 이것이 플랫폼의 선순환을 저해할 수 있다. 현재 리멤버가 보유한 명함은 3억 개 이상이라곤 하나 여전히 리멤버를 사용하지 않는 사람들도 다수 존재한다. 따라서 리멤버는 채용 서비스 외에도 더 많은 사람의 명함을 수집하기 위한 방안도 지속적으로 고민해야 할 것으로 보인다. 수익 모델 개선과 앞으로의 비전에 관해 최재호 대표는 어떤 생각을 가지고 있을까?

2000만의 서비스를 향해

수익 모델에 대한 지적이 있다. 개선 방안은 무엇인가?

크게 보면 세 단계다. 우리 같이 플랫폼 비즈니스 하는 곳은 첫째로 가입자를 열심히 모으는 단계가 있고 둘째로 이를 기반으로 수익화를 잘하자는 단계가 있고 셋째로는 여기서 이익을 더 많이 창출하자는 단계가 있다. 리멤버는 현재 두 번째 단계를 성공적으로 밟고 있는 것 같다. 과거 2017년의 시도에서도 깨달았던 것처럼 섣불리 먼저 서비스를 확장하거나 수익 모델을 시도하면 오히려 소탐대실할 수 있겠다는 생각이 있다. 이 때문에 일정 규모까지 만드는 데 6~7년 정도의 시간을 더 투자했다.

기반이 만들어졌다고 판단한 뒤에야 구인 구직 플랫폼으로서 기업과 인사팀에 채용 솔루션을 제공해 수익화를 했다. 최근엔 직장인들의 프로필 정보를 통해 타깃팅된 B2B 광고로 수익을 창출한다든지, 리서치 중계 솔루션을 통해서 수익을 창출한다든지 하는 부분들을 굉장히 공격적으로 진행하고 있다. 2021년이 처음 수익 모델이 붙은 해라고 하면 2022년은 본격적인 스케일 업scale-up을 잘 이뤄내고 있는 해다. 앞으로 본격적으로 이익 창출이 가능할 거로 보고 있다.

창업자 입장에서 돌아본다면 변곡점이 됐던 시기나 사건을 무엇으로 짚겠나?

첫 번째는 2017년에 시도했던 서비스 확장이 다 실패한 경험이다. 그게 가장 중요한 순간이었던 것 같다. 그때 어설프게 뭔가라도 잘 됐으면 이 정도 규모만으로도 우리가 돈을 어느 정도 벌 수 있다고 판단해 규모를 더 키우기보다 있는 걸 가지고 수익화하려는 노력을 빨리 시작했을 것 같다. 역설적이지만 다행히도 그때의 시도들이 실패한 덕에 인내를 배웠고 규모를 더 키워놓고 수확해야겠다는 판단이 섰다. 더 큰 게임을 하지 못하고 그 규모 안에 갇히는 악수를 두지 않게 만들어 준 소중한 경험이다.

다음은 2018년에 이 서비스 규모를 거의 두 배 가까이 열심히 키워놓고 나서 다음 플랫폼으로 가기 위해 2019년 초에 진행한 시도다. 이용자들에게 더 세부적인 프로필 정보를 요청하고 이 정보를 다른 곳에서도 활용할 수 있게 해달라는 동의를 구한 그 설문 조사가 2019년 2월 22일이었다. 이 날짜는 우리 리멤버에 굉장히 중요한 변곡점이다. 그 덕분에 지금의 구인 구직 서비스를 할 수 있는 기반을 다질 수 있었다. 또 그 성공에 힘입어 다른 서비스를 더 자신감 있게 추진할 수 있는 계기가 됐다.

리멤버는 어떤 서비스로 이 사회에 기억되고 싶은가?

우리가 돈을 벌기 시작하고 본격적인 수익의 성장을 만들어 내는 기반은 결국 직장인들이 리멤버를 선택해 주고 계속 써 주는 힘에서 나왔다. 우리나라 직장인이 모두 리멤버를 쓰는 날이 오면 우리는 플랫폼으로서 더 많은 꿈을 꿀 수 있을 것 같다. 우리나라 경제 활동 인구 2000만 명이 다 쓰는 그런 서비스를 만드는 게 우리들의 꿈이다.

공식 질문이다. 어디선가 개척을 꿈꾸는 분들을 위해 리멤버가 꼭 해 주고 싶은 말이 있다면?

개척이라는 게 새로운 길을 걸어 나가는 것 아닌가. 결국 이 새로운 길을 가냐 마냐는 '실행'이 핵심인 것 같다. 그래서 우리가 제일 좋아하는 말 중 하나는 "꿈을 꾸고 그걸 반드시 이루자"라는 말이다. "Dream, and make it happen"이 리멤버의 슬로건이기도 하다. 꿈은 아무나 꿀 수 있지만 실제로 이뤄내는 것은 아무나 할 수 없는 일이다. 꿈을 실현하려면 실행이 답이고 그 실행을 만드는 나만의 강력한 동기 부여는 결국 설렘에서 오는 것 같다.

새로운 길을 상상하면서 많은 의구심이 들 거다. 저 길로 가면 진짜 될까, 혹은 안 될까, 이게 안 되면 어떡하지라는 두려움도 많이 들 거다. 근데 그 마음을 이길 만한 게 바로 설렘이다. '아 저기 가면 엄청 가슴 뛰는 뭔가가 있을 것 같아'라는 그 설렘 말이다. 그게 결국은 실행을 만들어 내는 것 같다. 그래서 항상 꿈을 꾸고, 될 것 같은 이유를 계속 상상하며 설렘을 안고 빠르게 실행해 보는 자만이 새로운 길을 개척할 수 있지 않을까 생각한다.

4

오늘의집, 내 마음에 들어야 인테리어다

인테리어와 취향을 잇다

일상적인 것들을 꾸준히 바꾸어 가는 서비스를 통해 시장을 개척하고 삶의 질을 향상시킨 기업이 있다. 서비스의 시작은 단지 '내 집'을 사진으로 공유하는 것이었다. 각자의 취향이 담긴 내 집 사진들이 모이자 자연스레 일상적이지만 취향이 담긴 인테리어에 대한 정보들이 됐다. 이렇게 모인 인테리어 콘텐츠는 인테리어 분야의 커머스와 시공 업체 중개로 점차 더 넓은 서비스를 향해 연결 고리를 만들어 나갔고 하나의 앱에서 인테리어라는 카테고리의 모든 것이 가능하게 만들었다. 바로 취향 기반 인테리어의 대중화 시대를 연 '오늘의집'이다.

오늘의집의 성공이 흥미로운 이유는 기술이 아니라 일상적인 것에서 가치를 창출해 종국에는 기존 서비스보다 높은 혁신을 이루어 냈다는 데 있다. 미국의 경영학자 클레이튼 M. 크리스텐슨Clayton M. Christensen은 전자를 '존속적 혁신' 후자를 '파괴적 혁신'이라고 지칭했다.[4] 파괴적 혁신은 자원이 부족한 스타트업이 시장 마찰을 해결할 수 있는 방편으로 제시됐다. 일상적이지만 창의적인 아이디어를 무기로 카테고리 일부를 잠식하고 나아가 기존의 시장 지배 기업을 이겨 나가는 과정에 대한 설명을 담고 있다.

어떻게 보면 내가 사는 곳을 내 취향을 중심으로 꾸미

는 건 당연한 것처럼 들린다. 하지만 오늘의집이 등장하기 이전에는 일반인이 취향 관련 인테리어를 현실화하기까지 다양한 진입 장벽이 존재했다. 집을 마음대로 꾸민다는 건 생각처럼 쉬운 일이 아니었다. 오늘의집은 인테리어에 대한 사진을 공유하는 방법을 통해 간단하게 인테리어 시장의 정보 비대칭 문제를 해결했다.

그렇다면, 오늘의집이 인테리어 사진을 수집하기 전에는 레퍼런스용 인테리어 사진을 구하는 게 어려웠을까? 사실 오늘의집이 등장하기 이전에도 인테리어 참고용 사진은 넘쳐나고 있었다. 심지어 인테리어 전문 잡지 또한 존재했다. 오늘의집이 수집하고 제공하는 인테리어 사진은 무엇이 달랐을까? 바로 '살고 있는 집의 사진'이라는 점이다. 인테리어 전문가가 보여 주기 위해 만들어 낸 연출용 사진이 아닌, 내 집, 나의 옆집, 우리 동네 사람들이 살고 있는 집의 인테리어들이 모여 기존 인테리어 시장의 허들을 무너뜨린 것이다.

더불어 오늘의집에서 볼 수 있는 '실제로 살고 있는 집' 사진 공유 서비스가 흥미로운 또 다른 포인트는 고객이 콘텐츠의 소비자가 되기도 하지만 생산자이기도 한 프로슈머prosumer가 될 수 있다는 점이다. 나아가 사용자 제공 콘텐츠를 기반으로 커뮤니티가 형성되고 이 커뮤니티를 기반으로 고객 니즈를 확인할 수 있는 유용한 데이터가 축적되기 시작했다.

오늘의집 사진은 잡지와 어떻게 다른가

	인테리어 잡지의 사진	'오늘의 집' 인테리어 사진
콘텐츠 제작 및 제공	전문가	일반인
인테리어 사진 활용 목적	컨셉 참고용	컨셉 참고 및 직접 적용
매체별 특징	사진 속 정보의 후속 탐색 의도 발생 빈도가 상대적으로 낮음	사진 속 인테리어 정보의 후속 탐색 및 활용의 적극성이 높음

오늘의집 등장 이전의 인테리어 시장은 어땠을까? 고객의 취향을 높은 수준으로 반영하기 위해서는 많은 비용을 들여 고가의 전문 인테리어 업체에 공사를 의뢰해 소품 선정, 구매, 인테리어시공까지 전 과정을 맡기는 방법과 고객이 발품을 팔아 직접 인테리어 과정의 일부를 담당해 취향을 반영하는 방법이 있었다. 만약 고객이 비용이나 시간 부문에 대한 노력의 투입 수준이 낮고 정보나 지식이 많지 않은 경우 상대적으로 낮은 가격대의 동네 인테리어점에 인테리어를 의뢰하게 되는데, 이 경우 취향을 세세하게 반영하기 어려웠다. 30평대, 40평대형 인테리어라는 용어로 인테리어 스타일은 정형화됐다. 집의 크기에 따라 기성품 제작하듯 인테리어 공사

를 하는 방식이었기 때문이다.

오늘의집을 만든 버킷플레이스 이승재 대표는 우연히 지인 집을 방문했다가 취향이 담겨있는 인테리어를 보고 사업을 시작하게 됐다. 취향이 담긴 공간에서 영감을 받은 이 대표는 아파트 시공사에서 제공한 천편일률적인 인테리어가 아니라 취향이 담긴 인테리어를 보급하고 이를 통해 나의 취향이 담긴 주거 공간의 손쉬운 실현이라는 가치를 사용자들에게 제공하고자 했다. 전등과 같은 작은 인테리어 소품이 변해도 공간의 느낌이 바뀌고, 공간의 느낌이 바뀌면 그곳에서 보내는 시간의 의미가 달라질 수 있다는 믿음 때문이었다.

어떻게 보면 오늘의집이 등장하기 전엔, 인테리어는 삶에서 필수적인 의미를 지니지는 않았다. 인테리어라는 것은 '내 취향'이 담기지는 않았어도, 그럭저럭 살 수 있다면 신경을 많이 쓰지 않아도 되는 것 중 하나였다. 하지만 건축학적 관점에서 많은 연구가 공간이 사람에게 미치는 영향과 중요성이 매우 크다는 논의를 제시하고 있음을 상기해야 한다. 실제로 학교를 포함한 많은 공공기관이 혁신이라는 개념을 공간에 도입해 공간에서 혁신이 촉발된다는 전제를 적용하고 있다. 이처럼 공간은 사람들의 삶의 질에 커다란 영향을 미친다. 이승재 대표는 가장 기본적인 공간의 단위인 주거 공간이 변하면 삶의 가치와 질이 변화할 수 있다는 믿음으로 오늘의집을 창업했다. 이 대표가 본 취향 기반 인테리어 시장의 가능성은 무엇이었을까?

지인의 집에서 얻은 아이디어

'취향 기반'이라는 키워드를 전통 산업인 인테리어에 도입한 지점이 흥미롭다. 어떤 계기로 개척에 나섰나?

지금도 '모든 건 이용자로부터 시작하자' 이런 말들을 많이 한다. 결국에는 오늘의집이라는 아이디어도 이용자 경험으로부터 시작이 됐다. 사실 나 자신이 첫 번째 이용자다. 2013년에 우연히 지인의 집에 갔다가 깜짝 놀라고 말았다. 그 집이 원래는 그냥 평범한 오피스텔이었는데 너무 멋졌던 거다. 지인의 취향과 라이프 스타일이 너무 잘 드러나는 공간이었다. 한국은 대부분 아파트 같은 공동 주택에서 살지 않나. 이미 만들어진 방식대로 살고 있는 경우들이 대부분이고, 나 역시 그렇게 살고 있었는데 그런 공간이 바뀔 수 있다는 걸 그때까지 한 번도 생각을 못 해봤다.

그전까지는 해외의 멋진 주택을 보면서 저기는 개인 주택이라서 저렇게 좋은 공간이 될 수 있는 것으로 생각했는데 그 집에 딱 가고 나니까 우리나라의 공동 주택 공간들도 충분

이승재 오늘의집 대표 ©SBS

히 각자 취향을 담은 공간들로 탄생할 수 있겠다고 느꼈다. 신선한 충격이었고 나도 그런 집에 살고 싶다고 생각했다.

그 감탄이 어떻게 창업으로 연결됐나?

나도 꾸미고 살 수 있다는 사실을 알아서 너무 좋았지만 막상 하려고 하니 하나도 생각나는 게 없었다. 어디서부터 어떻게 시작해야 하는지에 관한 정보를 알 수 있다면 나도 충분히 따라 해볼 수 있겠구나 싶었다. 즉, 이런 문제들을 해결해 주면 좋은 프로덕트product가 되겠다는 생각을 이용자로서 하게 돼 오늘의집을 시작하게 됐다.

더 나아가서는 단순히 문제 해결에서 그치는 게 아니라

우리 삶을 더 낫게 만드는 것도 할 수 있겠다 싶었다. 우리가 이런 프로덕트를 잘 만들게 되면 결국에는 이 온라인 프로덕트를 넘어서 실제 세상, 물리적인 공간들을 바꿔 나가게 되고 그 물리적인 공간이란 우리 모두가 살고 있는 '집' 아니겠나. 그러면 그 공간에 사는 우리 모두의 삶도 바뀔 것이었다. 그런 가능성을 생각하고 나니 에너지와 열망이 막 폭발하더라.

지인의 집에 간 게 아주 중요한 순간이었던 것으로 보인다.

내게는 운명의 날 같았다. 그날 이후로 '어떻게 하면 사람들이 더 좋은 공간을 가질 수 있을까?', '그러려면 어떤 문제들이 있고, 그걸 어떻게 잘 풀어줄까?'를 계속 이용자 입장에서 고민하며 서비스를 발전시켜 왔다.

세입자인데도 그렇게 놀라우리만치 고칠 수 있던 것인가?

보통 인테리어라고 하면 일반적으로 큰 공사를 하는 것으로만 인식돼 오지 않았나. 그런데 사실 공간이라는 게 그렇게만 바뀔 수 있는 것들은 아니다. 작은 소품들만 잘 조화시켜도 얼마든지 큰 변화를 만들어 낼 수 있다. 그 집에서 그걸 처음으로 느꼈던 것 같다.

일상적인 과정에서 가치를 창출해 냈다는 생각이 든다. 그 과정에서 걸림돌도 많았을 터다.

전 세계 다양한 창업가들을 보면 개인적인 경험에서 출발하는 경우가 많다. 오늘의집도 그중 하나로 볼 수 있다. 개인적인 경험에서 출발하는 것의 장점은 실제로 내가 그 문제에 대해서 어려움을 느끼고 그걸 이용자로서 굉장히 잘 알고 있기에 문제를 어떻게 풀면 좋을지에 대해서 고민만 잘하면 된다는 점이다. 또 창업할 때 많이들 하는 말인데 "다른 사람들이 아직 모르지만 당신이 알고 있는 진실이 있다면 거기서부터 출발하는 게 좋은 기회가 된다"는 유명한 이야기가 있다. 내 경우도 잡지에서나 봤던 좋은 공간들을 우리나라에서도 만들 수 있다는 점을 운 좋게 남들보다 더 빨리 알게 된 것 같다.

콘텐츠에서 커머스, 중개로

오늘의집의 출발점은 인테리어 버티컬 플랫폼이다. 초기 스타트업은 보통 브랜드 파워와 자본을 충분히 보유하고 있지 않아 특정 분야에서도 하나의 카테고리에 집중하는 것이 유리하다. 오늘의집은 인테리어라는 분야에 집중하는 버티컬 플랫폼 전략으로 시장을 만들어 나갔다. 일반 소비자들이 인테리어를 어렵게 여겼던 이유는 취향이 반영된 인테리어에 대한 정보를 모으는 데 너무 많은 시간과 노력이 필요했기 때문이다. 나의 취향에 맞는 소품을 찾는 것부터, 특정 컨셉의 인테리어 시공을 잘하는 시공사를 찾는 데까지, 비용도 부담이 되지만 시간과 노력의 투입이 많이 필요했다. 일반인에게는 진입 장벽이 높은 분야였다.

오늘의집은 이러한 시장 마찰을 놓치지 않았다. 인테리어 정보를 모으는 것뿐만 아니라 인테리어 용품 판매와 시공 연결까지 플랫폼을 통해 가능하도록 만들었다. "이 사진에 나오는 러그를 어디서 살 수 있을까?"에 대한 정보 검색과 구매의 과정을 오늘의집 서비스에 통합시킨 것이다. 이렇게 인테리어 카테고리에서 '콘텐츠-커머스-중개'가 가능한 서비스를 선보이면서 오늘의집은 취향을 실현해 주는 인테리어 서비스 시장을 만들어 냈다.

론칭 이후 꾸준히 성장하고 있는 오늘의집은 2022년 5월 기준 2300억 원 투자 유치에 성공했다. 성수기 월 거래액 1800억 원, 가구 시장 점유율도 5퍼센트 이상으로 추정된다. 기업 가치에 대한 평가 또한 상승해 현재 2조 원에 달하고 있다. 가구 부문 시장 1위라고 평가받는 한샘의 시가 총액 1조

5000억 원을 넘어선 금액이다.

'취향 기반 인테리어의 실현'이라는 목표를 가지고 창업했지만, 회사 운영과 인테리어 실무 분야에 대한 경험이 없었기에 오늘의집은 성장의 모든 과정이 어려움의 연속이었다. 좋은 콘텐츠를 끌어모으는 데는 성공했지만, 다음 단계로 도약하기 위한 연결고리가 보이지 않았다. 오늘의집이 제공하는 콘텐츠 서비스에선 매출이 일어나지 않았다. 그렇게 매출이 없는 상태로 2년이라는 시간이 지났다. 좋은 가치를 제공하고 좋은 프로덕트를 만들면 비즈니스가 자연스럽게 따라온다는 믿음으로 사업을 지속했지만 투자 유치엔 계속 실패할 수밖에 없었다. 이러한 난관을 타개하기 위해 오늘의집은 콘텐츠 서비스에서 '커머스 서비스'로 영역을 확대하게 된다.

커머스 시장으로 난관을 극복하고자 한 계기엔 사실 고객들의 요청이 있었다. "이 사진에 있는 테이블 어디서 구매할 수 있어요? 오늘의집에서 구매하게 해주세요"와 같은 요청들이 지속적으로 들어왔기 때문이다. 이러한 고객의 니즈를 먼저 확인한 후 서비스를 론칭했기에 서비스를 오픈하면 고객의 구매 요청이 쇄도할 것으로 믿었다.

하지만, 기대와는 달리 서비스를 론칭한 초기 일주일 동안 매출은 전혀 발생하지 않았다. 이는 커머스 서비스를 오픈하기 전 소품을 판매하는 베타 버전의 테스트를 할 때 이틀

간 1000만 원 정도의 거래가 발생했던 것과는 완전히 다른 결과였다. 커머스 오픈 후 매출이 발생하지 않는 상황을 통해 이승재 대표는 콘텐츠와 커머스는 성공을 위해 각기 다른 요소를 필요로 한다는 걸 깨닫게 됐다. 고객의 니즈가 있다는 것과 실제 구매로 연결되기까지는 또 다른 과정이 존재하고 이를 위한 효율적인 구매 서비스 과정의 구축이 필요하다는 판단을 하게 된다.

이 문제를 해결하기 위해 오늘의집은 "왜 고객들이 구매하지 않을까?"라는 질문을 반복하며 콘텐츠 서비스를 사용하는 맥락과 커머스를 사용하는 맥락이 다르다는 답을 얻게 된다. 즉, 콘텐츠에서 커머스의 경로까지 따라가서 고객들이 구매 결정을 내리게 하기 위해서는 이에 적합한 시스템이 필요했던 것이다. 오늘의집은 이러한 시스템의 구축을 위해서 수년간 무수히 많은 것들을 실행하며 시행착오를 겪었다. 좋은 파트너와 제품들을 입점하는 것은 물론 커머스 강화를 위한 서비스를 다양하게 제공해 보기도 했다.

실제로 지아나 에크하트Giana Eckhardt라는 영국의 경영학자는 플랫폼 비즈니스에선 상품·서비스의 특징과 유통 방식의 유형에 따라 각각의 시장에는 다른 로직이 존재한다는 설명을 제시했다. 요지는 무료인 콘텐츠와 유료인 커머스 시장에 모이는 고객들의 특성이 다르기 때문에 수익을 만들어 가

플랫폼 비즈니스의 경제적 로직[5]

	무료 유통	유료 유통
커머셜 (commercial)	간접 수익 모델 (Indirect Profit Model)	직접 수익 모델 (Direct Profit Model)
Non-커머셜 (Non-commercial)	No 수익 모델 (No Revenue Model)	매출 모델 (Revenue Model)

는 로직과 비즈니스 모델도 달라야 한다는 것이다. 오늘의집의 경우 콘텐츠를 보는 것은 무료지만 커머스와 연결하는 것은 수익 모델과의 결합이 필요했다. 에크하트의 설명은 오늘의집이 시행착오를 통해 얻은 결과와 동일하다.

결국 2년여간의 지속적인 노력 끝에 오늘의집은 커머스 시스템을 성공적으로 구축했고 투자 유치에 성공해 추가적인 성장 동력을 확보할 수 있었다. 이후 다양한 후속 커머스 카테고리로 확장하면서 고객의 구매 전환율을 높이기 위한 데이터 분석에도 집중하고 있다. 우리가 지금 만나는 오늘의집은 이러한 시행착오의 결과다.

지금은 커머스에서 중개까지 성공적으로 카테고리를 확장했지만 애초에 인테리어 시장은 알아주는 레드오션 분야다. 이미 대형 업체를 중심으로 판이 구성된 인테리어 시장을 오늘의집은 어떻게 공략했을까? 콘텐츠에서 커머스로 넘어가기까지의 과정과 매출이 없던 보릿고개 시절, 성장에서의 변곡점에 대해 이승재 대표에게 물었다.

인테리어 레드오션 공략하기

서비스를 시작할 당시 인테리어 시장은 몇몇 대형 업체들이 장악한 시장 아니었나. 파고드는 게 쉽지 않았을 텐데 공략 포인트는 무엇이었나?

인테리어 시장은 가구 업체, 인테리어 시공 전문가 등 굉장히 다양한 주체들로 구성된 산업이다. 대형 업체뿐 아니라 크고 작은 업체가 이미 많았다. 반면에 소비자 입장에서는 이를 세세하게 알지 못하는 게 큰 숙제였다. 인테리어라는 게 살면서 몇 번 안 해보는 일 아닌가. 그러다 보니 갑자기 인테리어를 해야 하는 상황에 놓이면 축적된 지식이나 경험이 없는 거다. 어떻게 해야 되는지, 얼마가 드는지, 무엇을 사야 하는지, 그걸 사려면 어디에 가야 하는지 등 알 수 없는 것투성이인 시장이었다.

그래서 우리는 첫 번째도 이용자, 두 번째도 이용자 입장을 생각했다. 좋은 공간을 갖고픈 사람들이 인테리어를 하려고 할 때 어떤 과정을 겪고 있는지, 어떤 어려움이 있는지를 정리해 보고 이용자들을 계속 만나 보면서 니즈를 찾았다. 심지어 어떨 땐 카페에서 일을 하다가 옆 테이블에 잠재 이용자로 보이는 분들이 계셔서 우리가 생각하는 서비스를 보여 드리고 피드백을 듣기도 했다.

결국 우리가 확인했던 건, 맨 처음 '나는 어떤 공간에서 살고 싶지?', '내가 집을 어떻게 바꿔야 하지?'라고 생각했을 때, 그걸 미리 생각해 놓은 사람이 아무도 없다는 것이다. 그러니 시작부터 막힐 수밖에 없었다. 우리가 봤을 때 이 영역의 가장 첫 순서이기도 하고, 또 가장 많은 사람이 고민하는 영역이었다. 내가 어떤 공간에서 살고 싶은지, 인테리어를 어떻게 해야 할지를 정하는 문제부터 잘 풀어보는 게 좋겠다고 생각해 콘텐츠를 쉽게 탐색할 수 있게 풀어 보자는 걸로 문제를 좁혔다.

좋은 가구를 입점시키는 것보다 일단 취향을 먼저 찾게 만들자는 접근 방식을 취했던 것인가.

그렇다. 물론 처음부터 이렇게 방향이 잘 잡힌 건 아니다. 여러 가지 시행착오가 있었는데, 그중 하나는 사업을 시작할 때 흔히 하는 실수다. 꿈이 너무 커서 대단한 서비스를 만들고자 엄청난 기획서를 쓰는 등 계획을 부풀린 것이다. 당시 잠재 이용자와 투자자 등 다양한 분들을 만났는데 한 투자자께서 지금 우리의 플랜은 너무 이상적이라 이뤄지기 어렵다며 하나씩 작은 성공을 만들어 보라 말씀해 줬다. 지금 당장 그 모든 걸 다 할 수 없으니 하나를 먼저 잘 해결하자는 말이 굉장히 마음에 와닿았다. 그날 사무실로 돌아와 어떤 문제를 풀까 고민을 하다가, 사람들이 어떤 공간에서 살지를 고민하는 데 답을 줄 수 있는 콘텐츠 문제를 집중해 풀어 보자고 결론을 냈다. 초기에 콘텐츠에 집중하게 된 이유다.

이용자로 하여금 사진을 계속 올리도록 한 이유가 그것인가?

그 지점에서도 다양한 실험을 했다. 사람들이 어떤 콘텐츠들을 볼 때 가장 영감을 받고 도움을 받을 수 있을까 고민한 것이다. 해외 사례도 있을 거고 인테리어 전문가들의 사례도 있을 거고 나와 비슷한 일반인들의 사례도 있을 거다. 그중 유저들이 가장 도움을 받는다고 느끼는 것들을 찾기 위해 인터뷰와 테스트를 반복했다. 그래서 얻어진 결론은 정말 가까이 느끼고, 따라 해볼 수 있는 그런 인테리어 사례들이었다. 이렇게 사람들이 어떤 걸 원하는지 찾아가는 과정이 있었다.

이승재 오늘의집 대표 ©SBS

집은 내밀한 공간이다. 어떻게 사람들이 사진을 올리도록 유도했나?

처음엔 우리가 인지도도 없고 규모도 작으니 알아서 찾아와 올려 주시는 분들이 많이 없었다. 그래서 좋은 공간을 갖고 계신 분들에게, 이런 좋은 공간을 다른 분들에게도 더 나누고 소개할 수 있는 프로덕트를 만들고 있다며 우리의 목적을 말씀드리고 사진을 공유해 달라고 요청을 드리는 수밖에 없었다. 다행히 오늘의집은 여러 가지 소셜 미디어 채널을 가지고 있었다. 우리의 프로덕트 말고도 외부의 인테리어를 소개하는 채널들이었는데 거기서 함께 소개를 해드리니 더 즐거움을 느끼시더라. 이렇게 프로덕트와 외부 채널을 묶어 '좋은 공간을 소개하자'는 우리의 미션을 함께 나누자고 설득했고 다들 흔쾌히 동참해 주셨다. 그러면서 꾸준히 성장해 왔다.

콘텐츠 회사의 접근법과 닮았다. 다만 실제 인테리어 사업을 하려면 그 단계를 넘어야 했을 터다.

인테리어라는 영역은 단어 하나로 정의하기 어렵다. 상황과 니즈가 다양하다. 예를 들면 가구 소품도 인테리어의 영역이다. 그리고 공간을 만드는 과정에서 오프라인을 보통 거치게 된다. 가구 소품 하나를 사더라도 많은 고민이 따르고 집에 놓아야 하는 고가의 제품인 경우가 많아 꼭 눈으로 보고 사려는 마음이 들기 때문이다. 이 때문에 내가 도달할 수 있는 지역에서 고민하고 정하게 된다. 그렇게 되면 먼 지역의 물건들은 알기도 어렵고 만나기도 어렵게 된다.

그런데 오늘의집에서는 지역과 상관없이 다양한 사람들, 내 취향에 맞는 사람들이 어떤 제품들로 공간을 꾸몄는지를 볼 수 있다. 게다가 바로 정보까지 제공하니 구매로 이어질 수 있지 않겠나. 그런 관점에서 이용자의 지역적 한계를 넘어, 정말 이용자의 취향에 맞는 좋은 제품들이 각자의 주인을 잘 만날 수 있는 역할을 하고 있다고 말할 수 있겠다.

한편 가구 소품 업체 입장에서는 오늘의집이 온라인 쇼

룸이 된다. 오프라인 매장을 갖고 있어도 지역적으로 한정돼 있고 오프라인 매장이 없는 업체들도 굉장히 많다. 기존엔 고객과의 접점이 많지 않았는데, 오늘의집에선 이 좋은 제품들로 잘 꾸며진 이용자들의 집 사진이 올라오니 자연스레 홍보될 수 있는 구조다. 그게 가구 소품 쪽에서 오프라인의 한계들을 확장했던 방식이었다.

인테리어 전문가분들도 마찬가지다. 기존의 인테리어 시공 영역은 사실 굉장히 다양하고, 디자인 스타일도 다 다르다. 지역으로만 하게 되면 서로 잘 맞는 분들이 만나기 어렵지 않나. 이것을 온라인으로 넓히면, 내가 어떤 분야가 필요한지, 어떤 예산대인지, 어떤 디자인을 원하는지 다양한 분류 체계가 생긴다. 소비자가 원하는 게 있을 거고 그에 잘 맞는 업체들이 있을 텐데 양쪽을 알맞게 매칭하려면 지역의 한계를 넘어서야 한다. 이를 위한 시스템을 만들어 가고 있는 거다.

파트너사를 구할 때 어떤 설득이 제일 잘 먹혔나?

처음부터 우리가 커머스나 중개를 목적으로 업체 혹은 인테리어 전문가들을 설득해야 했다면 아무리 열심히 해도 굉장히 어려웠을 것 같다. 우리는 처음에 콘텐츠로 접근했기에 인테리어 수요가 있는 이용자들을 먼저 모으지 않았나. 가구 소품 업체나 인테리어 전문가 입장에서도 자신들의 제품이나 서비스를 좋아할 만한, 그들의 전문성이 필요할 만한 고객을 원할 것이다. 그러니 그 고객들과 잘 연결될 수 있다면 당연히 동참하고픈 마음이 생기는 것이다. 이렇게 콘텐츠를 통해 모은 이용자로 설득하려고 많이 노력했다. 물론 쉽지만은 않았다. 팀원들이 많이 고생했다. 처음 뜻에 동참해 주신 분들이 좋은 성공을 이뤄내면서 다른 분들도 계속 참여하시는 선순환 효과를 만들며 지금에 이르고 있다.

콘텐츠 중심에서 커머스로 전환하는 시점으로 어느 정도의 볼륨을 생각했나. 일이 잘 풀리기 위한 회원 규모를 어느 정도로 상정했는지.

AB 테스트를 한 것은 아니기에 과학적으로 어떤 숫자가 맞는지는 잘 모르겠다. 그러나 대략적으로 예를 들면 당시 방문자가 10만 명이 넘었을 때부터 유의미한 이용자 수라는 생각이 들었다. 그때부터 설득에 좀 도움을 받은 것 같다.

성장통과 변곡점

커머스로 성공적으로 전환했지만 수익이나 매출에 한동안 큰 도움이 되진 못했던 것 같다. 어려웠던 시절은 어떻게 버텼나.

일단 우리 팀이 오늘의집을 시작하면서 처음 가졌던 목표는 우리만의 가치 있는 프로덕트를 만들어 사람들의 삶을 더 낫게 만들자는 것이었다. 지금도 마찬가지다. 그다음 생각한 것은 결과적으로 우리가 가치 있는 프로덕트를 만든다면 비즈니스는 따라올 것이라는 믿음이다. 어떻게 보면 순수한 생각이었다. 초기부터 팀에 그런 믿음이 있었기에, 수익 비즈니스가 없을 때나 사업이 잘 안 풀리는 과정에서도, 그냥 가치 있는 걸 만들면 된다는 일념으로 버텨 왔다. 솔직히 당시 우리 팀이 운 좋게 20대분들이 많아 자기 한 몸만 잘 건사하면 되는 상황이었다. 그것 때문에도 운 좋게 더 잘 버틸 수 있던 것 같다.

앞서 말했듯 결국 이용자가 맞닥뜨리는 인테리어의 첫 관문은 내가 무엇을 원하고 어떤 집을 만들지를 알아가는 것이다. 일단 이 1단계 문제를 잘 풀면, 결국에 2, 3단계 문제들은 순차적으로 풀어 나가면 된다고 생각해 한동안 1단계에만 집중을 했다. 그다음에는 2단계, 3단계로 한 단계씩 넘어오며 확장하게 된 것이다.

그야말로 마늘과 쑥을 먹으면서 버틴 것 아닌가. 본격적 수익이 막 들어오기 시작한 시점은 언제부터였나?

매출이 발생한 시점은 2016년부터다. 그때 커머스가 처음 시작됐다.

좋은 콘텐츠를 서비스해서 회원들한테 양질의 정보를 주는 행위와 지갑을 열게 하는 건 자연스러운 연결 과정 같지만 다른 로직일 수 있다. 지갑을 열게 하는 데는 다른 동인이 더 필요하다는 걸 깨달은 순간이 있었나?

일단 뭘 잘 몰라야 시도할 수 있다는 말이 있지 않나. 우리도 그랬다. 그렇지만 미지의 영역인 만큼 먼저 테스트를 해 봤다. 본격적으로 커머스 시스템을 도입하기 전에, 다른 외부 솔루션의 힘을 빌려서 한 2~3일 정도 소품을 판매하는 테스트를 해봤는데 당시 1000만 원이 넘는 매출이 발생했다. 늘 데이터와 숫자를 보는데 이렇게 명확한 데이터가 숫자로 나와버리니 이 정도면 그냥 커머스를 바로 해도 되겠다고 확신하고 자신감을 가진 채 준비해 시작했다.

그런데 막상 커머스를 시작하니 일주일 동안 실제로 판매된 상품이 없었다. 우리가 생각했던 것과 너무 정반대의 결과가 나온 것이다. 이용자가 원하는 상품을 찾는 탐색 과정과, 탐색 후 구매를 원하는 상품을 정했을 때 어디서 어떻게 살지를 정하는 구매 과정은 사실 구별되는 부분이라는 것을 깨닫게 됐다. 우리는 전자에 집중하고 있었고 후자로 연결이 쉬울 줄 알았는데 실제로 해보면서 물건을 사는 과정에서 엄청난 커머스의 세계가 있다는 걸 피부로 느꼈다.

어떤 부분이 걸림돌이 됐나?

일단 우리 서비스에 대한 신뢰가 있어야 했다. 여기서 물건을 사본 적은 없는 셈 아닌가. 그러니 신뢰가 필요했고, 가격도 경쟁력 있어야 하며 결제를 하는 과정에서도 어려움이 없어야 하고, 결제 이후에도 이용자가 물건을 받기까지의 모든 과정이 잘 이뤄져야 사람들이 믿고 살 수 있는 거였다. 그동안 이런 기반을 쌓아 오지 않고 시작했기에, 앞으로 이용자가 취향에 맞는 상품을 발견하고 구매해 받기까지의 수많은 문제를 더 잘 풀어야겠다고 다짐했다.

이후 우리가 몇 년간 해온 작업들은 탐색에서 구매까지

한 번에 이어지는 경험을 설계하기 위한 과정이었다. 프로덕트도 수백 번 업데이트하고 다양한 실험을 거쳤다. 세일즈 팀에서는 더 좋고 훌륭한 가구 및 소품 업체들을 입점시키기 위해 많은 노력을 기울였다. 이렇게 서서히 개선을 거치며 지금의 오늘의집이 나오게 됐다.

구매 단계에서 가장 신경 썼던 부분은 뭔가?

우리 경험에선 사실 다 중요했다. 이용자가 실제로 온라인에서 어떤 물건을 구매한다는 건 사실 굉장히 많은 고민의 과정과 요소가 들어가 있다. 뭐라도 하나 되게 안 좋은 경험이 있으면 소비가 잘 일어나지 않았다. 결국 수많은 의사 결정 포인트들에서 발생하는 고민을 잘 덜어주는 게 답이라고 생각했다. 지금은 나름의 답이 찾아진 형태가 아닌가 싶다.

월 판매액이 1800억 원 수준까지 뛰었다. 누적으로는 2021년 기준 1조 7000억 원 정도로 아는데 매출에 비해 영업 적자 폭이 크다는 지적도 있다.

오늘의집의 지난 몇 년은 더 빠르게 성장하고, 더 많은 이용자들에게 오늘의집의 밸류를 알려보자는 관점에서 일정 적자

폭을 감수하고서라도 성장을 해 왔던 시간들이다. 그런데 결국 이 IT 프로덕트라는 건 더 많은 이용자가 사용하게 되고, 또 여러 가지 밸류가 계속 붙으며 이용자 한 명이 만들어 내는 '고객 생애 가치Lifetime Value'가 계속 더 많아지게 된다.

반면에 프로덕트를 만드는 비용은 그만큼 늘어나지 않는다. 때문에 결과적으로 완성된 그림에서는 수익을 가져갈 수 있게끔 계획하고 있다. 지금도 여전히 이용자들의 문제를 잘 해결해서 결과적으로 비즈니스까지 연결되는 종결을 만들 수 있을까에 대한 계획을 하나씩 실행 중이다. 몇 년 안에는 이것들이 더 많은 수익을 만들어 내는 결과로 이어질 거라 생각한다.

그래서인지 오늘의집은 재구매율이 높더라. 70퍼센트 이상이던데 재구매를 유도하는 전략이 따로 있나?

이런 서비스에서 제일 중요한 지표 중 하나가 리텐션retention이다. 사람들이 한 번 쓰고 나서 안 들어올 수도 있고 지속적으로 방문할 수도 있지 않나. 그런 관점에서 우리는 리텐션을 주요 지표 중에 하나로 보고 어떻게 하면 사람들이 더 오늘의집을 방문하고 가치를 느낄 수 있을까 하는 관점에서 굉장히 많은 프로덕트 실험과 비즈니스 실험을 계속 진행해 왔다.

그게 어떤 한 가지의 키 액션key action으로만 이루어졌다고 말하긴 어려울 것 같다. 다만 쉽게 설명하자면 이렇다. 오늘의집에 정말 내가 영감을 받을 수 있는 좋은 콘텐츠들이 많아야 하고 계속해서 새로운 것들이 공유돼야 한다. 또, 내 취향에 맞는 상품들을 잘 발견할 수 있어야 한다. 나아가 그걸 발견했을 때, 경쟁력 있는 가격에 제공을 하고 있어야 하며 구매하기도 쉬워야 한다. 이런 모든 포인트가 강화됐을 때, 하나로 연속된 최고의 경험이 나온다고 믿고 있다.

창업자로서 돌이켜 봤을 때 가장 변곡점이 되는 순간이나 사건이 있다면?

우리에게 가장 중요했던 기간은 콘텐츠 서비스에서 커머스를 도입하는 기간이었다. 수익 모델이 없다가 처음으로 생긴 지점이었다. 그게 생기며 우리에게 일어났던 중요한 변화는, 실제로 이용자들이 우리 서비스에서 어떤 가치를 얼마나 느끼는지를 숫자로 명확히 알게 됐다는 점이다. 이는 사실 표현하기 어려운 가치이지 않나. 그게 비즈니스적으로 딱 환산이 되니까 우리가 지금 가지고 있는 가치를 현실적으로 직시하게 됐다.

그때를 기점으로 사업과 프로덕트를 발전시키는 과정

의 프레임이 아예 바뀐 것 같다. 그전에는 그냥 좀 더 이용자들의 문제를 잘 풀어 보자, 결과적으로 만족을 하는지를 보자는 관점에서 계속했다면 이후엔 데이터로 더 정확하게 계산하고 파악할 수 있게 됐다. 마케팅에 우리는 얼마나 많은 돈을 지출하고 있고 또 이용자들이 거기서 느끼는 가치가 얼마큼인지, 우리가 얼마큼 개선이 됐고 정말 잘 개선이 되었는지 등을 말이다. 사업부 프로덕트를 소위 더 과학적으로 할 수 있게 된 첫 번째 변곡점이었다.

두 번째로는 그 과정에서 콘텐츠, 커뮤니티, 커머스 이 세 가지가 잘 결합한 독특한 서비스로 오늘의집이 발전했던 2016년이다. 전 세계적으로도 이런 영역에서 콘텐츠와 커뮤니티, 커머스가 잘 연결돼서 뭔가 독특한 가치를 만들어 낸 서비스들을 찾기가 어렵다. 이를 종합한 서비스로 발돋움했던 시기가 가장 중요한 변곡점이라 하겠다.

버티컬 플랫폼에서 슈퍼 앱으로

'인테리어'라는 카테고리를 혁신해 온 오늘의집은 클러스터를 확장하며 영역을 넓히고 있다. 사람이 사는 공간의 질을 향상시키기 위해 필요한 수단이 인테리어였다면, 그다음은 함께 하는 존재 즉 가족이나 반려동물까지도 고려하기 시작한 것이다. 오늘의집은 이용자들이 집 사진을 올리면서 자연스럽게 함께 사는 반려동물이 있는 사진이 증가하는 것을 발견했다. 그러니 반려동물에게 필요한 인테리어 용품들 사진이 늘어났고 사용자 문의 역시 많아졌다. 이처럼 사용자들의 니즈가 커지자 오늘의집에는 '반려동물' 카테고리가 생겼다. 이외에도 홈트레이닝, 캠핑, 제품 렌탈 등 라이프 스타일의 여러 분야로 서비스 영역을 넓히고 있다.

버티컬 플랫폼으로 출발한 오늘의집이 공간과 생활 전반을 아우르는 '라이프 스타일 슈퍼 앱'으로 도약하기 위해 보이는 행보는 거침없다. 2021년 8월 집수리 업체인 '집다'를 인수해 생활 집수리 서비스를 선보인 데 이어 2022년 1월 이사 서비스를 론칭하는 등 인테리어와 관련한 분야로 사업을 계속 확장하고 있다. 2022년 3월에는 LG전자와 손잡고 가전제품을 빠르게 배송하고 설치하는 서비스를 선보이며 가전 카테고리까지 강화하고 있다.

버킷플레이스가 이처럼 오늘의집 카테고리 확장에 나선 것은 거래 금액 기준 인테리어 시장 1위에 오른 오늘의집의 안정적인 매출원을 확보하기 위한 의도로 볼 수 있다. 가구 판매 중개 이외에도 인테리어, 이사, 집수리 등으로 서비스를 다변화하며 수익성이 확대된 수익 모델을 구축할 수 있기 때문이다.

가구를 원하는 일자에 배송받을 수 있는 '오늘의집 배

송' 서비스는 2021년 론칭 이후 적극적으로 기술 분야에 투자를 유치하며 서비스 품질을 강화하고 있다. 나아가 물류 네트워크를 혁신하기 위해서도 많은 노력을 기울이고 있다. 이전에 없던 '취향 기반의 콘텐츠 공유'라는 서비스에서 시작해 라이프 스타일의 전체 과정을 아우르는 서비스를 선보이는 오늘의집은, 일본, 미국, 싱가포르 등을 시작으로 글로벌 시장에서도 혁신적인 서비스를 제공하고자 준비하고 있어 이들의 귀추가 주목된다. 이승재 대표에게 그가 그리는 큰 그림부터 해외 시장의 비전까지 물어봤다.

라이프 스타일을 완성하다

일본을 첫 해외 시장 공략지로 택한 이유는 뭔가?

현재 우리는 일본과 인도네시아 서비스를 오픈했다. 일본의 경우 한국의 환경과 유사한 부분이 많다고 생각한다. 경제 수준이나 사람들의 생활 방식 등도 그렇고 일본도 많은 이들이 공동 주택에 살기에 좋은 시작점이 될 것으로 판단했다. 멀리 봤을 때 꼭 우리 서비스가 비단 한 국가에서만 적용될 수 있는 거라고 생각지도 않을뿐더러 세계적인 가구 회사들도 많지 않나. 내 취향에 맞는 공간을 만들고픈 마음은 세계 어느 곳에나 있는 유니버설universal한 것이라 생각한다. 우린 의식주와 관련된 공통된 문제를 풀고 있기 때문에 일본을 넘어 더 다양한 국가들에서도 오늘의집의 가치들을 전달할 수 있을 거라 믿는다. 빠르게 실행해 나가며 하나씩 답을 풀어가게 될 것 같다.

집수리 업체를 인수하고 이사 서비스도 시작하고 가전 수리 업체도 인수해 서비스하는 걸 보면 어떤 의도가 있는지 큰 그림이 궁금하다.

팀에서 오늘의집 미션을 함께 나눌 때, 다양한 라이프 스타일 영감을 나눌 수 있는 커뮤니티를 만들어 실제로 사람들이 더 나은 공간에서 나은 삶을 살 수 있도록 돕자는 말을 하곤 한다. 이사·수리 서비스, 가전제품 설치 등 다양한 서비스들은 두 번째에 해당하는 부분이다. 이 역시 좋은 공간에서 사는 것과 연결되어 있고 전문가의 도움을 받아야 하는 순간이 많기 때문이다. 그런 데서 오는 어려움을 해결하며 다양한 라이프 스타일에서의 문제로 확장해 나가려고 한다.

콘텐츠와 커뮤니티에도 지속해 신경을 쓰고 있다. 인테리어뿐 아니라 반려동물, 홈트, 캠핑 등 분야도 다양하던데 이것들이 추구하는 목표는 뭔가?

그건 미션에서 전자에 해당하는 부분이다. 다양한 라이프 스타일의 영감을 나눌 커뮤니티 말이다. 우리가 이런 생각으로 발전하게 된 이유가 있다. 사실 오늘의집이 시작하던 시점에는 집이란 게 보통 잠만 자는 공간이었다. 오늘의집이 한창 성장하던 시기에는 내 취향에 맞는 공간, 잘 쉴 수 있는 공간이 집의 개념이었다. 그러나 최근 몇 년에 일어난 변화는 쉼을 넘어 내가 뭔가를 하는 공간으로 바뀌는 것 같다. 집의 기본 역할에 새로운 기능이 여러 층으로 추가된다는 의미의 '레이어드 홈layered home'이란 단어도 나오고 있다.

이용자들께서 집을 꾸며가는 과정이 곧 자기 자신을 알아가는 과정 같다고 말씀하시곤 한다. 집을 꾸미다 보면 내가 뭘 좋아하는지 관심을 갖게 된다. 그러면 내가 좋아하는 물건들로 내 공간을 꾸며가게 된다. 그렇게 내가 만든, 내가 좋아하는 공간에서, 내가 좋아하는 일을 하며 일상을 보내는 것이 즐거운 삶이라는 인식이 퍼지고 있는 시점인 것 같다.

오늘의집도 처음 인테리어를 할 땐 가구, 소품 정보를 공유하는 서비스에 집중해 왔지만 어느덧 다양한 라이프 스

이승재 오늘의집 대표 ©SBS

타일의 영감을 공유할 수 있는 공간이 돼 보자는 관점으로 발전하고 있다. 어떤 분들은 집에서 일도 하시고, 어떤 분들은 파티도 하시고, 운동도 하시고, 식물도 키우시고, 다양한 활동과 취미가 일어나고 있지 않나. 오늘의집에도 공간과 일상이라는 키워드로 재미있는 영감을 줄 수 있는 콘텐츠를 가진 분들이 많다. 그런 것들을 더 편히 나눌 수 있는 서비스가 되고자 한다. 그게 오늘의 집이 생각하는 라이프 스타일 서비스다.

스브스프리미엄의 공통 질문이다. 어디선가 또 다른 개척을 꿈꾸는 이들에게 오늘의집이 꼭 해주고 싶은 말이 있다면?

10년 전 내게도 그렇고 지금의 나 자신에게도 그렇고, 오늘의집 팀에서도 제일 많이, 여전히 이야기하는 문장이 있다. "우리는 답을 찾을 것이다. 늘 그랬듯이"라는 영화 〈인터스텔라〉 속 대사다. 우리 팀과 지난 10년 가까운 시간 동안 오늘의집을 키워오면서 느낀 건, 정말 풀리지 않을 것 같던 문제들도 결국 하나둘씩 풀리고, 이게 정말 될까? 우리가 성공할 수 있을까? 하는 도전들이 결국엔 성공으로 이어진다는 것이다. 우리 팀도, 주변 업계에서도 공통적으로 경험한 일들이다.

이를 직접 겪고 느끼다 보니 '대부분의 문제는 우리가 풀 수 있다'는 믿음을 가지는 게 중요하다는 생각을 한다. 지난 월드컵 한국 경기에서도 '중꺾마'라고 해서 '중요한 것은 꺾이지 않는 마음'이라는 말이 유행하지 않았나. 우리의 신념과 비슷한 뜻이라고 생각했다. 새로운 문제를 풀고 도전을 한다는 건 어려울 수밖에 없는 일이다. 질문과 의구심이 계속 들겠지만 결국 해결하기 전까진 해결될지 아무도 모르는 일이다. 포기하지 않고 답을 찾아 나가는 게 중요하다는 말을 전하고 싶다.

5 런드리고, 세탁은 숙제가 아니다

아웃풋이 아닌 과정을 혁신하다

아웃풋이 아닌 프로세스를 혁신하는 새로운 가치 전략을 세탁업에 들여오면 어떤 변화가 생길까? 세탁 산업은 다른 산업에 비해 혁신이 잘 일어나지 않는 영역으로 여겨져 왔다. 세탁 산업에서의 혁신은 주로 세탁기의 기능적 향상을 통해 이루어져 왔기 때문이다. 일본의 IT 비평가인 오바라 가즈히로尾原 和啓는 저서 《프로세스 이코노미Process Economy》에서 이를 '아웃풋 이코노미output economy'라 칭한다.[6] 아웃풋인 '세탁기'라는 프로덕트를 기반으로 하기 때문이다. 세탁기 산업은 일정 규모의 성장에 도달해 제품 차별화만으로는 새로운 가치를 창출하는 데 있어 한계에 마주칠 수밖에 없었다. 더군다나 세탁 서비스 분야는 디지털 전환이 더뎠다.

기존의 세탁 서비스에서 혁신이 일어나기 어려웠던 이유는 세탁이 지닌 본질적인 속성 때문이다. 세탁물은 고객의 소유이기 때문에 서비스의 시작과 끝이 고객의 주거 공간과 연결된다는 특징이 있다. 그렇기에 고객 주거지 근방의 세탁 서비스 업체로 서비스 담당 업체가 제한됐다. 이 때문에 세탁 서비스에서는 그간 규모의 경제가 일어나기 힘들었고, 디지털 전환 시스템의 도입 역시 어려웠다.

이와 같은 상황에서 런드리고LaundryGo는 발상의 전환을 꾀한다. 세탁기가 아닌 세탁 '과정'의 혁신을 통해 사람들의 삶의 질을 높이고자 한 것이다. 물론 런드리고 이전에도 세탁 서비스라는 분야에 플레이어들은 있었다. 대표적인 게 동네 세탁소다. 세탁을 서비스화해 고객의 가사를 서비스의 영역으로 가져간 최초 플레이어이다. 집과 세탁소의 물리적인 거리 이동에서 오는 불편함을 최소화해 세탁 서비스의 편의를 높이고자 도모했던 세탁물 배달 업체들도 생활 세탁 서비스 분야의 혁신을 추구한 플레이어라고 할 수 있다. 하지만 이들은 세탁 '경험'의 프로세스에서 가치를 창출했다고 보기는 어렵다.

런드리고는 모바일 기반의 생활 빨래 서비스라는 새로운 서비스를 선보임으로써 기존 산업의 문제를 풀고 세탁 서비스의 수준을 한 단계 향상하고자 했다. 여기에 더해 모바일을 통해 24시간 이내에 빨래 수거 신청과 배달을 받을 수 있도록 했다. 이 같은 세탁 서비스의 단축은 굳이 집에서 세탁을 하지 않아도 되는 '빨래의 외주화' 시대를 열었다. 즉, 생활 빨래가 집 안에서 이루어지는 것이 아니라 집 밖의 공간에서 이루어져도 무관한 프로세스를 제공한 것이다. 이는 고객들의 가치 사슬 측면에서, 이전에는 불편함이 느껴지던 가치 저감 부분을 감소시키는 역할을 한다.

또한 런드리고는 세탁 과정에서 고객이 세탁 결과물에 만족감을 느낄 수 있는 요소들을 추가해 고객이 빨래를 맡기

조성우 의식주컴퍼니 대표 ©SBS

고 받았을 때 기존 세탁 서비스와 차별화된 효용을 느낄 수 있도록 했다. 이러한 세탁 서비스는 혁신과 차별화 포인트를 프로세스에 두었기 때문에 나올 수 있었다.

이게 가즈히로가 말한 '프로세스 이코노미'다. 프로덕트로는 더 이상 혁신이 일어나기 어려울 때 프로세스에 집중함으로써 새로운 가치를 창출할 수 있다는 논의와 런드리고의 행보는 일맥상통하는 부분이 있다. 프로세스 이코노미의 핵심은 고객이 서비스를 이용하면서 고객 경험이 향상되는 경험을 할수록 더 많은 가치가 발생한다는 것이기 때문이다.

과정에서 가치를 만들려는 접근은 어떻게 탄생했을까? 사실 런드리고를 운영하는 의식주컴퍼니의 조성우 대표가 이 사업을 떠올리게 된 것에는 특별한 비화가 있다. 이미 한 번 성공적인 창업을 경험하고 번아웃을 회복하려던 그를 다시 창업으로 이끈 건 다름 아닌 여행지에서 만난 한 도둑이었다. 조 대표에게 의식주컴퍼니의 탄생 비화를 물었다.

의식주컴퍼니의 탄생 비화

회사 이름이 의식주컴퍼니인 이유가 궁금하다. 왜 의식주를 강조했나?

특별히 강조한 건 아니다. 많이들 물어보시기도 한다. 세탁하는 회사가 왜 의식주컴퍼니인지, 결국 의식주를 다 하려는 건 아닌지 하고 말이다.

우리는 세탁이 혁신되면 주거 공간의 혁신으로 이어질 수 있다는 강력한 믿음을 가지고 있다. 자취하는 1인 가구면 더 크게 공감할 텐데 아무리 좁은 공용 면적, 전용 면적이라고 하더라도 세탁기나 세탁 설비, 세탁 공간은 우리가 역사적으로 반드시 갖출 수밖에 없던 공간들이다. 런드리고는 우리가 당연히 여겨 왔던 공간이나 행위를 비가역적인 방식으로 바꿀 수 있다고 확신한다.

실제로 우리 서비스를 사용하며 세탁기를 안 쓰시는 분들, 세탁 공간을 없애시는 분들이 나오기 시작했다. 그러니 결국 '의衣'가 '주住'를 혁신한 것 아니겠나. 그래서 의식주컴퍼니라고 이름 지었다. 사실 옛날부터 '식食'을 좀 오래 전문 분야로 해서 다시는 하고 싶지 않았지만 그렇다고 '의주컴퍼니'라고 할 수는 없는 노릇이니 말이다. 의식주는 결국 우리의 삶과 관련된 부분이기 때문에 상징적인 단어로 이해해 주시면 좋을 것 같다.

과거 창업할 때 새벽 배송이라는 말을 직접 만든 것으로 알고 있다. 첫 번째 창업과 피벗pivot 과정이 궁금하다.

처음엔 대기업에 한 5년 다니다 나와서 '덤앤더머스'라고 하는 소셜 커머스를 창업했다. 덤으로 더 주는 형태의 소셜 커머스였는데 시원하게 망했다. 당시 창업 멤버들은 다 직장인이었다. 남자 직장인들을 서포트하는, 정기적으로 필요한 걸 챙겨 주는 서비스가 있으면 좋겠다 생각해서 정기 구독형 플랫폼을 만들었다. 그렇게 구독subscribtion 커머스로 피벗팅을 해 사업을 이어가고 있는데 우리 상품 중 하나인 도시락이 굉장히 잘 되는 거다. 정기적으로 보내 준다는 점이 신선 식품의 특징과도 잘 맞았다.

여기서 또 신선 식품 정기 배송으로 피벗팅을 했다. 신선 식품을 어떻게 보내 주는 게 효과적일지 고민하다가 전통적으로 있던 우유 배달이나 신문 배달처럼 출근 전 새벽에 보내 주면 되겠다는 생각에 이르렀다. 그래서 만든 게 새벽 배송 모델이었다. 그게 2012년도니 벌써 10년 전이다.

그 새벽 배송이 배달의민족에 인수가 된 것인가?

그렇다. 2015년도에 인수됐다. 이름도 덤앤더머스에서 배민프레시로 바뀌었다. 거기 CEO를 2년 반 정도 하다가 퇴사를 했다.

왜 그만둔 건가? 한창 잘 나가고 있을 때 아닌가?

그랬다. 게다가 신선 식품 등 새벽 배송 모델 역시 유통 산업에서 하나의 큰 축으로 가려고 하던 변혁의 시기이기도 했다. 개인적인 이야기일 수 있지만, 창업이란 게 에너지를 비정상적으로 쓰는 일 아니겠나. 그렇게 7~8년을 달려도 결과가 나오지 않는 경우가 부지기수다. 나 역시 혼신의 힘을 다해 달리니 성공 여부와 관계없이 큰 슬럼프가 왔다. 너무 지쳐버린 거다. 배달에민족엔 워낙 훌륭한 분들이 많이 계시니 내가 만든 모델을 증명하고 성공시키는 부분은 그분들이 잘 맡아 주실 수 있겠다 싶었다. 정말 크게 마음먹고 퇴사를 했고, 다시는 사업을 안 한다고 다짐을 했다.

> 그렇게 퇴사를 해서 여행을 갔다가 지금의 런드리고를 떠올렸다고.

실제 계기가 그랬다. 너무 많은 에너지를 쏟다가 퇴사를 하고 갑자기 혼자가 되니 우울증도 오고 몸도 아팠다. 예전에 미국 캘리포니아로 교환 학생을 갔을 때의 추억이 좋아서 그곳으로 무작정 3개월 여행을 떠났다. 샌프란시스코를 여행하던 중 저녁을 먹고 렌터카에 모든 짐을 넣어 놓고 숙소로 이동했는데 한 도둑이 차 유리를 깨고 모든 짐을 다 훔쳐 갔다. 그런데 유일하게 훔쳐 가지 않은 게 하나 있었다. 아마존 프레시 쇼핑백에 가득 넣어 둔 빨래들이었다.

늘 일상에서 '이게 사업이 될까 안 될까'를 DNA처럼 고민했던 터라, 그럴 만한 상황은 아니었지만 가설을 떠올렸다. 왜 도둑이 빨래는 훔쳐 가지 않았을지 고민하다 보니 예전에 창업을 시도했던 모바일과 딜리버리, 여기에 서비스와 세탁을 잘 겸비하면 새로운 비즈니스가 나올 것 같았다. 그 생각으로 세탁 산업을 들여다보니 페인 포인트가 너무 많고 누구나 다 불편함을 갖고 있고, 수십 년 동안 너무 변화도 없는 산업이었다. 운명과 같이 끌림이 왔다.

보통은 도둑맞으면 보험을 먼저 생각할텐데 창업을 생각했다니 흥미롭다.

그때부터 퇴사 여행이 세탁 여행으로 바뀌었다. 사실 미국의 세탁 문화는 한국인들이 만들었다고 해도 과언이 아닐 정도로 이민자 중에서도 특히 한국인들이 많이 자리를 잡고 있었다. 세탁 여행을 하면서 우연히 뉴욕 공장도 방문하게 되고, 현지의 세탁왕 같은 분들도 만나게 되면서 세탁이 어떻게 돌아가는지 알게 됐고 그게 이어져 의식주컴퍼니를 창업하게 됐다.

가사를 여가로 바꾸다

런드리고의 서비스는 유사한 비대면 서비스들과 어떠한 점에서 다를까? 현재 세탁 서비스 시장에는 런드리고와 유사한 비대면 세탁 서비스를 제공하는 다른 업체들도 존재한다. 하지만 이들 업체는 고객의 경험적 가치를 높이는 것보다는 기능적인 세탁 서비스에 집중하고 있다. 따라서 경험적 측면에서 고객 효용을 높이기 위한 서비스는 찾아보기 어렵다.

세탁에 소요되는 시간을 살펴보면 런드리고가 세탁을 신청하고 받기까지 24시간이 걸리는 데 비해 유사 업체의 경우 48시간이 걸린다. 이처럼 전체적으로 런드리고는 고객 경험 향상을 위한 프리미엄 서비스 제공에 집중하는 모습을 보이고 있다. 이러한 차이는 서비스 비용에서의 차이로 이어진다. 유사 업체들은 런드리고보다 상대적으로 저렴하게 세탁 서비스를 제공하고 있는데 이는 세탁 서비스 시장에서도 고객 세그먼트segment가 세분화할 수 있음을 시사한다.

세탁이라는 영역은 고객 입장에서 보면 의식주의 일환으로 많은 시간과 노력을 요구하는 부분이다. 매일 노동이 수반되는 분야기 때문에 세탁은 일상생활의 숙제처럼 불편하고 번거로운 것으로 인식되는 경우가 많다. 런드리고는 반복되는 숙제를 일상적으로 해결하는 서비스인 모바일 기반의 구독형 빨래 서비스를 선보이면서 귀찮은 세탁과 빨래 널기, 개기의 시간을 절약해 이를 고객의 여가 시간으로 돌려주고자 했다.

세탁물마다 필요한 최적의 세탁 코스를 짜고, 세탁 이후 정갈하게 정리된 상태로 문 앞까지 세탁물을 배달하는 빨래 서비스는 고객 인식을 바꾸기에 충분했다. 이전에는 귀찮음으로 귀결되던 빨래가 어느덧 '정갈한 빨래와 마주하는 즐거운 경험'으로 바뀐 것이다. 이는 세탁 서비스라는 업을 단지 '더러워진 빨래의 세탁'으로 보던 관점에서 탈피했기에 가능했다.

런드리고는 세탁 서비스라는 비즈니스의 본질에 어떤

세탁 산업과 서비스의 변화 과정

초기 진입 시점	기존 대안 서비스	고객 경험 향상
세탁기 (개인)	동네 세탁소 코인 세탁소 프랜차이즈	생활 빨래 서비스 (모바일)

방식으로 '경험'을 추가했을까? 고객이 세탁을 통해 생활이 향상됐다는 경험을 느낄 수 있도록, 런드리고는 세탁 서비스를 정기 구독형으로 제공하는 것에 더해 눈에 보이지 않는 부분을 포함한 세세한 부분까지 신경을 썼다. 구체적으로 살펴보면, 고객에게 경험적 측면에서의 가치를 제공하기 위해 천연 세제를 사용하고, 속옷 망, 물빨래 망, 이불 팩, 운동화 비닐 등 세탁물 종류에 따라 수거 키트(맞춤형 서비스)를 사용하고 옷걸이와 세탁 커버의 회수, 그리고 하루 배송을 도입했다. 나아가 세탁이 이루어지는 공간을 주거 공간 밖으로 설정해 세탁기와 건조기 공간을 고객에게 돌려줌으로써 주거 공간에 대한 인식과 활용 면에서도 추가적인 가치를 제공하는 걸 목표로 하고 있다.

조성우 대표는 기존 세탁 산업이 공급자 중심이었다고 말한다. 런드리고의 혁신을 뜯어보면 주로 공급자 중심의 산업 구조를 고객 중심으로 옮겨오는 과정이었음을 알 수 있다. 조 대표에게 기존 세탁 산업을 어떻게 혁신했는지 물었다.

공급자 관점에서 벗어나기

세탁은 과거부터 동네별로 이뤄져 왔고 세탁 혁신이라면 세탁기의 발전을 고민할 수도 있었다. 세탁 과정의 혁신을 택한 이유가 무엇인가?

세탁은 두 가지 정도로 설명할 수 있다. 먼저 굉장히 특이한 물리적 이동이 있다. 세탁물을 소유한 건 고객이기에 집 안의 세탁물을 꺼내 세탁한 후 다시 고객의 집 안으로 넣어야 하는 물리적 성격이 존재하는 것이다. 그런 비즈니스 플로우를 가진 산업은 거의 없다. 가전 A/S 정도가 유사하다고 볼 수 있다. 그러다 보니 지금껏 수십 년간 세탁은 걸어가서 맡길 수 있어야 하고 거기서 배달도 할 수 있다면 좋은 정도였다. 생활 반경 내 굉장히 촘촘하게 오프라인으로 만들어져 있던 게 기존의 세탁 산업이다. 100퍼센트 오프라인에 의존했던 산업이다 보니 우리의 대주제는 이걸 어떻게 모바일로 가져와 서비스할 수 있을까였다.

그다음으로 '세탁 과정을 어떻게 혁신할까'라는 고민보다 그 앞 단에 훨씬 더 본질적이고 선행되어야 하는 부분은 '고객 경험의 혁신'이라는 점이다. 사실 세탁에 대한 고객 경험은 대부분 불만스러운 경우가 많다. 셔츠를 집에서 세탁해 다림질하며 회사 출근도 여러 번 했던 터라 잘 알고 있다. 프랜차이즈 세탁소를 방문하려고 하면 저녁 여덟 시만 돼도 문을 닫고, 맡기면 일주일 정도 뒤에나 찾으러 가야 하는데, 좋은 경험이 만들어질 리 없었다. 특히 세탁 공간이 여유롭지 않은 1인 가구는 세탁이 특히 더 고생스러운데, 빨래를 하려면 세탁방에, 드라이클리닝을 하려면 세탁소에 가야 한다.

즉, 이 모든 고객 경험이 너무나 공급자 중심으로 형성되어 있던 것이다. 그러다 보니 고객의 경험에는 누구도 관심이 없었다. 그래서 이 고객 경험을 맨 앞단인 '세탁물 맡기기'부터 끝단인 '찾는 것'까지 펼쳐보니 자연스럽게 이 세탁 과정 자체를 바꾸지 않고는 고객 경험을 혁신하는 게 사실상 불가능하다는 결론에 도달했다. 따라서 우리는 고객 경험에서 출발해 여기서 어떻게 창의적인 아이디어로 과정을 변화시키고 시스템을 만들지에 집중했고 그 결과 유니크하고 대형화한, 시스템화한 새로운 모델을 만들 수 있었다.

런드리고의 캐치프레이즈 ©SBS

기존의 세탁 업이 각각 나뉘어 있던 건 그만한 이유가 있을 것이다. 그걸 혁신하는 과정은 쉽지 않았을 텐데 무엇이 가장 어려웠나?

우리는 동네 세탁소나 프랜차이즈 등 기존에 오프라인을 기반으로 파편화되어 있던 세탁의 수요를 광역화하고 중앙화하는 비즈니스 모델이다. 그러다 보니 필연적으로 무거워지는 요소가 두세 가지씩 생겼다. 하나는 입고 과정이다. 어마어마한 세탁물이 한곳에 모이니 이걸 입고하고 검수해야 하는데 이 과정이 이렇게 무거워질 줄 몰랐다.

다음엔 출고하는 과정이 어려웠다. 고객별로 맡긴 세탁물을 매칭해서 포장하고 내보내는 과정이 필요했는데 이렇게 출고 세탁물의 짝을 맞춰주는 과정이 생각보다 무거웠다. 처음 사업을 기획했을 때 생각한 것보다 열 배는 무거운 과정이었다. 주문량이 적은 세탁소 등에서는 사람이 수기로 맞춰가면서 할 수 있는 시스템이지만 우린 규모가 있어 그게 어려웠다. 파편화된 수요가 모이는 것에 대응해 반드시 시스템과 더불어 창의적인 방법이 필요하다고 생각했다. 이 때문에 입고와 출고의 자동화 시스템에 주목하며 개선해 왔고 지금도 혁신하고 있다.

보통 동네 세탁소는 벨을 누르고 와서 세탁물을 가져가거나 세탁소에 직접 가서 맡기는데 런드리고의 비대면 서비스는 어떻게 다른가?

우리는 고객 경험상 빨래를 어떻게 내놓게 할 것이냐의 경험이 정말 중요하다고 생각했다. 모바일 서비스로 그 과정을 옮긴다고 해도 결국 주문만 한다고 해서 문제가 해결되는 건 아니잖나. 수거도, 세탁도 해야 하는데, 그때 내린 결론은 '만나서는 답이 없다'라는 거였다.

안 그래도 현대인들은 바쁜데 시간 약속해서 수거하고, 또 배달할 때 약속해서 갖다 주는 건 어불성설이었다. 코로나19를 거치며 지금은 비대면 방식으로 뭔가를 하는 게 너무 익숙해졌지만 런드리고를 처음 기획하고 서비스를 론칭할 땐 코로나19가 오기 1년 전이었다. 우리는 비대면이라는 단어를 그때부터 썼다. 내부적으로도 비대면으로 하는 게 과연 좋은 것인지, 옳은 것인지 열띤 고민이 있었었다. 그럼에도 결국 모바일로 확장해 산업을 혁신하려면 비대면이 될 수밖에 없다는 생각에 도달했다.

그럼 어떻게 비대면을 할 거냐는 고민 끝에 우리는 '런드렛'이라는 수거함을 만들어 평소에는 집 안에서 그걸 빨래통으로 쓰고, 세탁물을 맡길 때는 빨래와 드라이클리닝을 분류해 내놓을 수 있게 했다. 이걸 밖에 내놓고 모바일로 클릭 한 번 하면 잘 때 내놓은 옷이 내일 밤에 돌아오게 하자는 취지였다. 이렇게 시작된 게 지금의 런드리고 비즈니스 모델이다.

수거함 도난은 없던가?

거의 없는 사례긴 하지만 우리의 실수로 옷을 분실할 수는 있어도 실제 수거 가방째로 훔쳐 없어진 사례는 단 한 건도 없다. 지금껏 150만 건의 주문을 처리했는데 그 가설은 지금까지도 잘 작동하고 있다. 사실 이게 미국 뉴욕 같은 곳에서도 그럴지는 고민스러운 지점이긴 하다. 하지만 적어도 우리나라의 택배 문화, 그러니까 뭘 놔두어도 잘 가져가지는 않는 그런 분화 덕에 지금까지 가설이 잘 충족된 채로 이어 오고 있다.

보통 세탁소에서 고객과 갈등을 빚는 요소는 세탁 과정에서 발생한다. 세탁 과정에서 발생할 수 있는 오염이나 훼손 등으로 인한 갈등은 없나?

적지 않은 이용자가 서비스를 이용하다 보니 세탁의 퀄리티나 오류 상황 등 과학적으로 명확히 증명하기 어려운 요소가 존재하는 게 사실이다. 이런 문제에서 중요한 건 일단 고객과 얼굴을 맞대고 충분히 설득하고 얘기하며 오해를 풀어가는 과정이겠지만, 그보다 더 중요한 것은 투명한 정보 제공에 있다고 생각한다.

이 세탁이 잘됐냐 안 됐냐, 혹은 이 퀄리티가 좋냐 아니냐, 아니면 문제가 있냐 없냐는 결국 그 기준점이 명확해야 하는 것 아닌가. 세탁한 옷이 돌아왔을 때 컨디션을 정확하게 진단하고, 우리 쪽에서도 상태를 체크하며 사진으로 남겨놓고, 옷의 재질이나 특수성에 따라 어떤 트리트먼트가 이뤄졌고, 어떤 과정에 의해 출고가 됐고 하는 것들을 투명하게 보여 줄 수 있어야 한다.

이런 세탁의 흐름이나 공정에 의해 고객의 옷이 어떻게 분석되고 처리됐는지 고객에게 알려 주기 위해 유의미한 정보를 잘게 쪼개 제공하고 있다. 이렇게 하면 분쟁이 발생할 수 있는 요소가 줄어드는 것뿐만 아니라 세탁의 퀄리티도 높아지고 세탁 라이프 스타일을 분석하는 등 다양한 서비스와도 연결될 수 있기에 계속 시스템을 고도화하고 있다.

고객 경험에 집착하는 이유

> 런드리고는 24시간 이내에 빨래가 끝내서 돌아온다. 시간을 단축하려면 그만큼 비용이 많이 들어가는 것 아닌가?

그런 측면도 있다. 그러나 무조건 빨리하는 게 좋은 가치라고 생각진 않는다. 잘하는 게 중요하다. 그럼에도 '24시간 이내'를 내세운 이유는 그간 세탁 산업이 고객 관점에서 세탁 시간을 투명하게 제공했는지를 돌아볼 필요가 있다고 느껴서다.

물론 오랜 시간 건조를 하고 오랜 시간 세탁을 해야 하는 특수한, 특별한 재질의 의류도 있다. 이런 경우 하루 정도 더 시간이 필요하다. 그러나 대부분 우리가 일상적으로 입고 드라이클리닝을 맡기는 의류들의 97~98퍼센트는 사실 세탁에 들어가는 시간 자체가 몇 시간밖에 되지 않는다. 그럼에도 기존 세탁 산업은 세탁물을 모아서 세탁을 해야 채산성이 나오기에 고객이 요청하는 일정이 아닌, 공급자들이 원하는 일정을 제시하지 않았나. 늦으면 늦을수록 공급자들에게 훨씬 유리하다. 그 지점에서 정보의 비대칭이 심했다.

그렇기에 우리는 무조건 하루에 해야 한다는 것보다 '세탁은 충분히 하루에 할 수 있다'라는 걸 보여 주려는 것에 가깝다. 게다가 비용의 관점에서도 그렇게 손해만 보는 건 아니다. 세탁을 빠르게 처리하면 늘어나는 비용이 있지만 그렇다고 반대로 세탁을 늦게 해버리면 그 세탁물을 보관하는 장소가 필요해 진다. 우리의 지금 주문량이라면 공장보다 훨씬 큰 공간이 필요한데 그건 고스란히 임대료가 되지 않겠나.

이걸 계산했을 때 우리가 보관에 돈을 쓸 거냐, 아니면 신속하게 현대인의 라이프 스타일에 맞추는 것에 집중할 거냐의 문제가 된다. 그 고민의 끝에 우리는 빠르게 배송하는 게 더 좋겠다는 결론을 내린 것이다.

런드리고가 이용자의 경험에 주목한 이유는 무엇인가? 고객 경험에 관한 조사도 했던 거로 알고 있다.

사실 세탁은 우리가 인생에서 마주하는 다양한 문제의 총체라 할 정도로 다양한 고객 경험 사례가 나온다. 고객이 불편함을 겪는 부분이나 세탁으로 해결해 줬으면 하는 부분들은 빅

데이터로 형성되고 있다. 고객 경험을 고려하는 건 생각보다 간단한 문제다. 런드리고는 아직 혁신의 중간 지점에 있고 아직도 실력이 부족하다고 스스로 느끼는데, 고객의 목소리는 우리가 해결할 문제나 개선할 부분에 방향성을 제공해 주는 바이블의 역할을 한다. 거의 모든 것에 답을 주고 있다.

고객의 요청에 따라 개선하면 되는 심플한 문제지만 우리는 IT와 인프라를 다루는 스타트업으로서 이러한 목소리를 어떻게 스마트하게 시스템화할지, 어떻게 더 나은 경험으로 발전시킬지를 고민하고 있다. 물론 고객의 목소리는 늘 뼈아프고, 듣는 것이 어렵기도 하지만 결국 이 목소리가 우리 모든 의사 결정의 근간이 된다는 건 변함이 없다.

고객 불만의 교집합으로는 어떤 게 있나? 요즘 가장 큰 요구 사항은 뭔가?

굉장히 많은 이슈가 있지만 요즘 들어 더 눈에 띄는 것은 퀄리티를 좀 더 높여 줬으면 좋겠다는 니즈다. 기본적으로 사용하는 용재나 세제, 세탁 기계 등은 일반 프랜차이즈 세탁소와 비교할 수 없을 정도로 고가의 제품을 쓰고 있지만 고객이 원하는 퀄리티와 서비스의 기준은 계속 높아지고 있다. 한국 고객들의 눈높이를 맞추면 글로벌 어디 나가도 세탁에서는 1등을 할 수 있겠다는 생각을 하고 있다.

메인 고객의 페르소나가 있나?

처음 이 서비스를 시작할 때는 1~2인 가구가 제일 많이 쓸 거로 생각했다. 3인 가구 이상부터는 잘 안 쓰지 않을까 생각했는데 막상 뚜껑을 열어 보니까 3~4인 가구가 1인 가구나 2인 가구와 거의 비슷한 비율로 많이 쓰고 있었다. 결국 가구 수가 중요한 게 아니라 가구를 구성하고 있는 멤버의 속성과 페르소나가 중요하다는 걸 느꼈다. 그 페르소나는 분명하다. '바쁜 사람들'이다. 직장인이든 전문직 종사자든 바쁜 시간을 빨래에 소비하고 있는 분들이 비용을 써 런드리고 같은 서비스에 이를 맡김으로써 자신의 시간을 아끼려는 수요를 타깃한다.

시행착오로 빚은 전례 없는 시스템

런드리고는 2019년 3월에 서비스를 론칭한 이후 매월 30퍼센트 이상 고객이 증가하며 성공적으로 시장을 키워 나갔다. 예상보다 빠르게 성장하는 과정에서 세탁 공정에 일손이 부족한 현상이 나타나기 시작했다. 급한 대로 조성우 대표를 비롯해 동원 가능한 모든 인력이 세탁 공정에 투입되기 시작했지만 근본적으로 고도화된 세탁 공정의 구축이 절실한 상황이었다. 자동화와 고도화 과정에서 맞닥뜨린 어려움은 런드리고가 세탁 서비스의 대상을 전체 세탁물로 포함시키는 데에서 기인했다. 런드리고는 기존의 드라이클리닝 위주의 세탁 서비스를 혁신하기 위해 물빨래와 드라이클리닝을 동시에 해결하는 세탁 서비스를 내놓았었다.

스마트 팩토리의 탄생

그런데 당시엔 이 두 가지의 빨래가 동시에 가능한 세탁 시스템이 존재하지 않았다. 이 서비스를 위해선 런드리고가 직접 시스템을 구축해 나가는 개척자가 되어야 했다. 창업 직전 미국의 세탁 공장을 둘러보면서 세탁 공정 자동화와 배송에 대한 구상을 구체화하긴 했지만 실제 적용하는 과정에서는 시행착오가 따를 수밖에 없었던 것이다. 세탁의 질은 일정하게 유지하면서 이불, 의류, 속옷 등 전 분야의 빨래에 최적화해 물빨래와 드라이클리닝까지 하는 자동화 시스템은 선례가 있을 리 만무했다. 거기다 세탁 공정의 스마트 팩토리화에는 세탁 서비스 외에도 출고 시스템까지 포함되어야 했기 때문에 최종적으로는 세탁과 물류의 결합이 이루어져야만 했다.

사실 스마트 팩토리 시스템은 조성우 대표가 런드리고를 창업할 때부터 구상했던 개념이었다. 이를 위해 런드리고 창업과 동시에 미국 세탁 스마트 팩토리 EPC(설계·조달·건설) 전문 기업인 '에이플러스 머시너리A+ Machinery'를 인수했다. 조성우 대표는 세탁업을 빨래와 배송 그리고 기술이라는 관점으로 재정의함으로써 여러 도시를 대상으로 하는 세탁 스마트 팩토리 네트워크를 구축하고자 했던 것이다.

세탁에 배송이라는 개념을 결합해 하루 배송을 위한 데이터를 축적하고, 예측을 위한 IT 시스템을 갖추려는 혜안은 조 대표가 런드리고 창업 이전 배민프레시에서 새벽 배송에 대한 서비스를 담당했기 때문에 가질 수 있었다. 세탁물은 집 안에서 집 밖으로 그리고 다시 집 안으로 들어간다는 특징이 있기 때문에 배달 서비스의 속성이 포함되어 있다고 본 것이다. 이전까지 선진화된 설비 시스템, 그리고 IT 기술의 적용이 이루어지지 않았던 세탁 공정 과정을 혁신하기 위해 조 대표는 세탁 공정에 일가견이 있는 전문가들에게 도움을 구하기도 하고, 다른 기업들과 협업을 통해서 지식을 얻기도 했다. 에이플러스 머시너리 외에도 일본의 컨베이어 회사와 협업을 추진해 하드웨어를 추가로 설치하기도 했다.

세탁실에서 먹고 자며 머무르는 노력까지 더해져 스마트 팩토리 시스템을 향한 1년 반의 여정 끝에 런드리고는 고객별 의류 자동 출고 시스템을 포함한 스마트 팩토리 시스템을 완성할 수 있었다. 세탁 서비스의 본질을 꿰뚫어 본 창업자의 역량과 세탁 공정의 자동화 시스템, 그리고 24시간 배달이 가능한 배달 시스템을 핵심 자원으로 확보하면서 런드리고는 세계 최대의 B2C 세탁 공장을 보유하게 됐다. 스마트 팩토리 시스템을 구축하면서 런드리고는 성장을 가로막던 장애물을 뛰어넘고 더 크게 성장할 수 있는 경쟁 우위를 확보하게 됐다. 나아가 이커머스 분야 등 다른 분야에 비해 상대적으로 혁신이 저조했던 세탁 공정 부문에서 혁신의 속도를 높이는 개척자가 됐다.

넥스트 스텝, 카테고리 확장

생활 빨래 서비스를 기반으로 세탁 서비스 시장을 개척해 나간 런드리고는 세탁과 물류 시스템을 성공적으로 결합하며 여러 분야로 카테고리를 확장해 나갔다. 세탁 서비스에는 맡기고 찾는 과정이 필요하다. 세탁 키트가 집 안으로 들어갔다 나온다는 건 곧 고객의 라이프 스타일과 관련된 더 넓은 범위의 제품과 서비스로 확장이 가능하다는 의미였다.

이에 런드리고는 의류 수선과 명품의 사후 케어까지 제공 서비스 영역을 넓혀 나갔다. 특히 명품의 프리미엄 세탁 서비스는 뉴욕 세탁학교 출신의 30년 경력자를 중심으로 전문가 팀을 구성했고 봉제선이나 단추가 떨어진 경우 무상 수리를 제공하기도 했다. 이어 세탁 서비스 관련 커머스 분야로 영

런드리고의 확장성

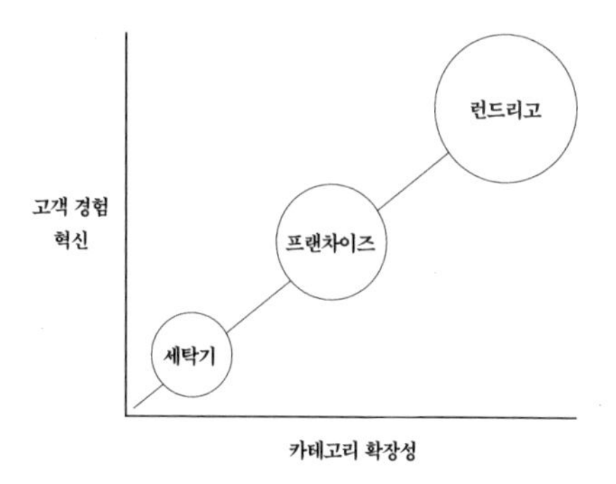

역을 넓혔다. 자체 브랜드 '라이프고즈온Life goes on'을 출시해 명품 타월 등을 포함한 일상 용품을 판매해 라이프 스타일 커머스 분야로 진출했다.

2022년 4월 론칭한 '런드리24'는 자동화 및 혁신 비즈니스 모델을 기반으로 서비스를 시작한 무인 스마트 세탁소다. 드라이클리닝과 코인 세탁소가 결합한 형태다. 출시 이후 빠르게 매출을 만들어 내면서, 가맹점 수 또한 빠르게 증가하고 있다. 지난 2022년 12월 기준, 출시 8개월 만에 100호점을 돌파하기도 했다.

거기다 호텔 세탁 서비스인 '크린누리'를 인수하며 B2B 영역에도 진출하고 있다. 호텔과 중소형 자영업자를 대상으로 하는 B2B 서비스다. 물론 기존에도 B2B 세탁 서비스는 많았다. 그러나 셰프 웨어(조리복)나 유니폼, 고객 세탁물 등 각 사업장에서 발생하는 세탁물을 숙박 시설의 린넨 세탁물과 분리해 각각 다른 세탁 공장에 맡겨야 했기 때문에 공정의 비효율성이 존재했다.런드리고는 모든 세탁 과정을 원스톱으로 처리해 B2B 세탁 과정의 효율과 혁신을 추구하기 노력했다. 런드리고의 B2B 서비스는 2023년 6월 '호텔앤비즈니스'로 리브랜딩하며 더 다양한 사업장에서 발생하는 세탁물을 처리하고 있다.

런드리고의 카테고리 확장은 기존 세탁 산업에서는 쉽게 생각할 수 없는 것이었다. 이전엔 세탁기라는 제품 영역이 주가 됐고 나머지 서비스는 부차적인 요소에서 벗어나지 못했다. 런드리고의 세탁 서비스는 이와 상당히 대조적이라 할 수 있다. 런드리고는 차별화한 세탁 서비스, 세탁 공장의 자동화 공정을 통해 그간 세탁소나 세탁기로 귀결되던 세탁 시장에서도 다양한 카테고리로 확장이 가능하다는 것을 보여 준 셈이다.

런드리고가 생활 빨래 시장을 개척하며 세탁 서비스 시장을 혁신해 오고 있지만 세탁 서비스 시장은 여전히 오프라인과 모바일 시장의 비율이 99대 1이다. 이커머스와 외식 산업을 포함한 대부분의 산업과 시장에서는 디지털 전환이 빠르게 이루어지고 있는데, 세탁 서비스 시장은 상대적으로 혁신과 변화에서 뒤처지고 있는 것이다. 바꿔 말하면 런드리고의 스마트 팩토리 시스템은 오프라인 중심의 세탁 산업과 서비스로 전방위적 영역 확장이 가능하다는 의미가 된다.

이러한 가능성에 힘입어 2022년 11월 22일 490억 원 규모의 시리즈 C 투자 유치에 성공하며 4000억 원 규모의 기업 가치를 인정받았다. 특히 이 투자는 금융 시장 여건이 악화한 투자 혹한기 속에서 이뤄졌다는 점이 놀라운 포인트다. 런드리고가 출시 이후 지속적으로 높은 성장률을 보여 왔고 코로나 상황 속에서 연평균 300퍼센트의 매출 성장률로 고속 성장을 이뤄 낸 점, 세계 최초의 세탁 공정 스마트 시스템을 구축했다는 점 등에서 글로벌 경쟁력을 인정받은 것으로 보인다. 결국 런드리고는 지난 2023년 4월 처음으로 흑자 전환에 성공한다.

런드리고는 '세탁-배송-물류'라는 서비스의 통합을 통해 4차 산업혁명의 물결에 맞춰 전방위적으로 일어나는 라이프 스타일의 변화를 선제적으로 예측했다고 할 수 있다. 게다가 혁신의 도입이 어려웠던 세탁 분야를 결국 혁신하며 새로운 단계로 이끌어 나가고 있다. 결과가 나올 때까지 포기하지 않고 해답을 찾아 문제를 해결하는 런드리고의 개척자 정신을 기반으로, 앞으로 세계 시장에서 어떻게 세탁 산업과 서비스 시장을 혁신할 수 있을지 주목된다.

조성우 대표는 앞으로의 세탁 시장을 어떻게 보고 있을까? 그에게 런드리고 스마트 팩토리를 구상한 비결과 현재의 수익 구조, 앞으로의 비전에 대해 물었다.

우리의 경쟁자는 세탁기다

스마트 팩토리는 세탁 시장의 다음 패러다임이라 볼 수 있을까?

세탁 산업의 큰 흐름이 변화하는 과정이라 볼 수 있을 것 같다. 기존의 세탁 산업은 지금 운명처럼 정해진 미래를 겪고 있다. 산업 내 인구 감소로 인해 점차 세탁소가 사라지는 것이다. 기사에서 충격적인 숫자를 봤는데 2022년에 세탁소가 3500곳가량 없어진다고 봤다. 역사상 가장 많이 없어지는 시기라고 하더라. 지난 10년 동안에도 매년 1000곳씩 없어졌다고 한다.

세탁업에 종사하시는 운영자들, 세탁소 사장님들의 평균 연령이 65~70세다. 그리고 그 나이 즈음 보통 은퇴를 하신다. 그러니 산업에서 수요는 어느 정도 일정하게 있는데 공급자 분들이 계속 지금 은퇴하고 있는 형태의 인구 감소가 이루어지고 있는 거다. 이 흐름은 사실상 정해진 미래이기에 누구도 거스를 수 없는 부분일 것이다. 세탁 산업은 이에 따라 자동화, 시스템화로 이행하는 과정인 거다.

스마트 팩토리 시스템은 물빨래와 드라이클리닝이 동시에 된다고 하던데 어떤 의미인가?

동시에 돌리는 건 당연히 아니다. 라인이 나뉘어 있다. 고객이 빨래망에 세탁물을 넣어 주시면 당연히 물빨래와 드라이할 것을 나눠 넣는다. 그런데 이게 생각보다 중요한 포인트다. 그동안 우리가 '세탁'이라고 하면 드라이클리닝과 사실상 동의어로 쓰지 않았나. 보통 세탁소엔 드라이클리닝을 하러 가니까 말이다. 하지만 개인적으로 드라이클리닝보다도 일상에서 마주하는 '빨래'야말로 세탁의 고민 중 더 큰 부분을 차지할 거로 생각했다.

그동안 고객은 드라이와 빨래, 이 두 가지 중요한 주제를 다른 방법으로 해결해야 했는데, 우리는 이걸 동시에 해소할 수 있어야 진짜 세탁 문제의 해결이라고 봤다. 게다가 드라이클리닝은 여전히 대안들이 많다. 내가 기존에 가던 곳을 가도 되고 모바일 서비스를 써도 되고 프랜차이즈를 가도 된다. 그런데 빨래는 이제껏 내가 직접 해야 하는 일의 영역이지 않았나. 고객 입장에서 이것을 누군가에게 맡기겠다는 것 자체가 삶의 방향성이 바뀌는 의사 결정이라고 생각한다.

내가 직접 세탁기 버튼을 누르고 빨래하고 건조해서 두 시간 기다렸다가 개어 정리할 거냐, 아니면 세탁기 누르는 버튼을 모바일 누르는 버튼으로 바꿔서 그 과정을 단축할 거냐, 이게 적어도 개인의 일상에서는 상당히 큰 변화다. 우리가 가진 하나의 확신은, 이 경험을 하기 시작하면 거꾸로 돌아가는 건 불가능에 가깝다는 것이다.

결국 런드리고는 경쟁 상대를 세탁기로 보는 것 같다.

어디선가 한 번 같은 얘기를 했다가 업계에서 굉장히 난처해하신 적도 있다. 우리나라에서 제일 큰 전자 회사에 가서 임원 강의를 요청한 적이 있었는데 그때 '우리의 가장 큰 경쟁자, 우리가 무너뜨릴 시장은 세탁기 시장이다'라는 취지의 얘기를 해서 관계자분들이 경악을 금치 못했던 에피소드다. 그런데 우리는 실제로 그렇게 생각한다. 앞서 말한 것처럼 세탁기 버튼 누르는 경험을 모바일로 충분히 바꿀 수 있다고 생각하기 때문이다.

실제 세탁기와 건조기, 스타일러까지 사면 굉장히 큰 금액이다. 가전제품의 가격이 많이 오르기도 했다. 이걸 공간까지 내어주며 비싼 돈으로 구매해 직접 세탁을 하는 의사 결정이 앞으로는 미니멀리즘하게 바뀔 거로 생각한다. 비싼 가전 대신 한 달에 5~6만 원 내고 빨래와 각종 세탁에서 자유로워지겠다는 의사 결정으로 말이다. 도발적으로 얘기하면 세탁기를 만든 전자 회사가 우리의 경쟁자일 수 있을 것 같다.

다만 각각의 산업을 구성하고 있는 동네 세탁소, 프랜차이즈 세탁 등의 종사자는 동료co-worker라고 생각한다. 거듭 말하지만 세탁 산업의 공급자들은 지금 은퇴 중이다. 미래의 산업을 어떻게 준비하느냐가 국민들의 라이프 스타일, 삶의 질과 직결된다고 본다. 5년 뒤에는 분명히 산업의 구조적 변화가 올 것이기 때문에 그 시대를 세탁업에 종사하시는 분들과 함께 준비해 나가려 한다.

무인 스마트 세탁소 체인점, 호텔을 상대로 한 B2B 등 사업 영역을 계속 확장하고 있다. 이 전략의 배경은 무엇인가?

기존 세탁 과정을 혁신하는 것의 연장선이다. 오프라인의 영역을 모바일 서비스로 옮겨 왔고 그다음엔 무인 세탁, 호텔 세탁 등 세탁 산업 전반을 아우르게 된 것이다. 요소마다 혁신해야 하는 페인 포인트가 크게 존재했다. 이 같은 서비스 확장은

조성우 의식주컴퍼니 대표 ©SBS

우리가 세탁 시장 전반을 보는 관점과 맞닿아 있다.

일단 모바일의 파이는 커지고 있지만 여전히 전체 세탁 시장의 3~4퍼센트밖에 차지하고 있지 않다. 95퍼센트 가량이 오프라인 시장인 거다. 우리가 추산하는 앞으로의 시장 변화는 모바일 세탁 서비스가 전체 시장의 30퍼센트까지 늘어나는 것인데, 이는 모바일의 발전과 산업 내 인구 감소에 따라 자연스러운 현상이라 생각한다. 그럼 나머지 70퍼센트는 어떻게 될까? 이 오프라인 세탁 시장은 앞으로 무인 세탁으로 20~30퍼센트 넘어갈 것으로 예상한다. 그래서 런드리고는 모바일과 무인 영역에 기술 및 인프라 투자를 많이 하고 있다.

호텔 세탁도 마찬가지다. 코로나19 때문에 완전히 죽었던 시작인데 리오프닝re-opening이 시작되면서 B2B 수요가 다시 살아나고 있다. 지금은 오히려 절대적으로 호텔 세탁의 공급이 부족한 상황이다. 게다가 호텔 세탁 산업을 들여다보면 40년 전이나 지금이나 똑같은 방식으로 운영되고 있다. 이렇게 세탁의 모든 영역을 혁신해 나가는 게 앞으로 우리가 그려나갈 그림이다.

세탁 수요 얘기를 해보자. 투자 혹한기 속에서도 크게 투자 유치를 했지만 경기는 풀리지 않고 있다. 모두 소비를 줄이게 될 텐데 대응 전략이 있나?

대기업도 경기 침체를 걱정하는 마당에 스타트업인 우리도 예외는 없다. 굉장히 어려운 시기일 거로 생각한다. 뉴스를 보면 가계 부채도 3000조 원이라고 하고 그 부채가 결국 몇 퍼센트의 소비 침체로 이어질 것이냐 하는 우려를 아마 내년까지도 경험하지 않을까 싶다.

거기다 코드 커팅cord-cutting이 급증하며 다들 자신이 구독하던 것을 가위로 잘라내기 시작할 거다. 그 흐름을 막을 수 없다면 무엇을 먼저 자를 것이냐에 대한 부분이 이슈다. 근데 아무래도 의식주와 관련된 것은 코드 커팅 순위에서 좀 뒷순위가 아닐까 생각한다. 우리가 삶을 살기 위해 필수적으로 필요한 것이기 때문이다. 세탁도 삶의 필수 분야 아닌가. 그런 측면에서 경기 침체를 그나마 잘 방어할 수 있는 분야가 세탁이라고 생각한다.

지금 런드리고의 핵심 매출 창구는 정기 구독료인가?

통신료처럼 월정액으로 사용하고 있는 비율이 우리 전체 매출의 55~60퍼센트를 차지한다. 일회성으로 쓰시는 분들도 꽤 많이 늘고 있다. 크게 보면 결국 세탁 매출이 전체의 거의 95퍼센트라고 보면 된다.

수거함인 런드렛의 경우 흑자를 못 내고 있었음에도 많은 투자를 해 만든 건데 우리는 이것에 대해 '고속도로를 깔고 있다'는 비유를 든다. 고객의 집까지 들어가는 고속도로, 인프라인 셈이다. 이 인프라가 모두 깔리면 집 안에 있는 무언가를 빼거나 집 안으로 넣을 수 있는 다양한 비즈니스가 가능하다. 그래서 지금 커머스 실험을 많이 하고 있다. 그 수거함에 정기적으로 필요한 샴푸, 린스, 수건 같은 것들을 실어 배송료와 패키징 비용 없이 날라 주기도 한다.

실험을 함께 할 동료들의 면면이 중요할 것 같다. 런드리고가 선호하는 인재상은 무엇인가?

조금 바뀐 것 같다. 원래는 프로젝트 이름처럼 개척자들을 원했다. 우리가 도전하는 분야는 남이 가보지 않은 길이다. 그 길을 닦고 개척한다는 게 얼마나 고통스러운지 잘 알고 있어, 사업 초기엔 창의적이고 남들과 다르게 생각하는 별종이 인재상이었다. 문제 해결에 있어 창의적인 아이디어와 다른 접근법을 가지는 건 여전히 중요하다고 생각한다.

그러나 우리의 비즈니스 모델은 기본적으로 다른 사람들의 삶을 서포트하는 것이다. 하루하루 열심히 바닥을 닦고 빨래하는 것을 게을리하면 안 되는 것처럼 우리의 비즈니스는 아무리 기술이 훌륭하고 창의력 넘치는 사람이 있다고 해서 잘 되는 게 아니다. 이 때문에 일상을 소중하게, 열심히, 꾸준히 인내를 가지고 대할 수 있는 것도 하나의 중요한 인재상으로 본다. 여기에 창의적인 아이디어가 있으면 좋겠다는 게 우리가 가진 모순적인 인재상이다.

직장으로서 런드리고의 최대 장점이라면?

인재상이 모순적인 만큼 가장 큰 장점은 고객의 목소리 끝단

회의 중인 런드리고 팀 ©SBS

까지 경험하게 된다는 점이다. 매일 고객의 불만의 목소리만 들으며 일을 한다고 생각하면 얼마나 고통스럽겠나. 그러니 해결하지 않고는 배길 수 없는 상황이 온다. 만약 런드리고에서 이 문제를 해결하기 시작하면 어느 다른 스타트업이나 대기업에 가더라도 문제 해결에 있어서는 걱정 없을 것이다. 정말 큰 경험치를 쌓을 수 있다고 자부한다.

런드리고는 어떤 기업으로 우리 사회에 기억되고 싶나?

하루하루 스스로 질문한다. '왜 세탁을 시작했을까?'와 같은 근본적 질문도 있고 숱한 고객 불만과 개선 요구를 듣다 보면 괜히 시작했나 하는 생각도 많이 한다. 그런데 그 근간엔 사명감 같은 게 있는 것 같다. 런드리고를 통해 육아하는 데 도움을 받았다거나 부모님이 이 서비스를 사용하며 삶이 개선됐다거나 운동 등 여가를 즐길 수 있게 됐다는 얘기를 듣곤 하는데 바쁜 현대인의 삶과 공간이 바뀌고 윤택해지는 것을 보면 큰 보람이 느껴진다. 우리 회사가 계속 혁신을 이루고 성장하는 것도 중요하겠지만 이 문제 해결을 글로벌로 넓혀 세계인의 삶이 윤택해지는 데에 사용되고 싶다. 세탁에 가진 고민은 만국 공통일 것이다. 글로벌 세탁의 1위로 남고 싶다.

스브스프리미엄 공통 질문이다. 선배 개척자로서 어딘가에서 개척을 꿈꾸며 좌절하고 있을지 모를 이들에게 해주고픈 말이 있다면?

사명감. 단어를 잘 고민해 보고 싶은데 결국 왜 이 일을 하는가에 대한 마음은 사명감과 연결된다고 생각한다. 그게 없으면 일이 힘들고 돈도 안 벌리고 만약 돈이 벌려도 서비스를 유지하고 개선하고 발전시키는 게 힘들다. 그 동력에 사명감이 아닌 다른 것이 들어서긴 어렵다. 이미 창업했거나 지금 도전하려는 분들 가운데 왜 내가 이것을 하는지에 대한 답을 명쾌하게 찾지 않고 시작하는 경우가 많은데, 그 질문에 대한 답을 찾는 것에 많은 시간을 들이면 좋겠다.

런드리고는 최악의 경험에서 나왔다. 외국에서 도둑맞으며 돈도, 소중한 물건도 다 잃어버렸지만 그런 최악의 경험에서 흑진주 같은 게 나올 수 있다. 그래서 개인적으로 일상의 안 좋은 경험을 대할 때 이게 언젠간 좋은 경험이 될 수도 있다는 생각으로 잘 관찰하고자 한다. 그러다 보면 분명 내가 할 수 있는 사업 아이템이나 미래의 방향성이 많이 보일 것이다.

주

1 _ 탈레스 S. 테이셰이라(김인수 譯), 《디커플링》, 인플루엔셜, 2019.

2 _ 토스 출시 초기, 비회원 친구를 초대하면 리워드를 주거나 다양한 미션을 완수하면 포인트 보상을 주는 마케팅에 30대 미만의 호응이 높았다.

3 _ 안준형, 〈[CEO&]'토스' 이승건 "돈 벌려 존재하는 회사 아니다"〉, 비즈워치, 2019.05.23.

4 _ 클레이튼 M. 크리스텐슨(이진원 譯), 《혁신기업의 딜레마》, 세종서적, 2009.

5 _ Eckhardt. G. and Bardhi. F., 〈The Relationship between Access Practices and Economic Systems〉, Journal of the Association for Consumer Research, 2016.

6 _ 오바라 가츠히로(김용섭 譯), 《프로세스 이코노미》, 인플루엔셜, 2022.

북저널리즘 인사이드　　디테일은 진단에 있다

혁신은 어떻게 탄생하는가? 《이타적 유전자》로 유명한 매트 리들리Matt Ridley는 2020년작 《혁신에 대한 모든 것》에서 인류가 이룬 혁신은 특정인에 의해서가 아니라 인류 사회 전체의 고민, 그리고 개선을 향한 시행착오의 결과물이라 설명한다. 혁신을 총량의 관점에서 접근할 때 강조되는 것은 그 '필연성'이다. 구글 공동 창업자 래리 페이지Larry Page와 세르게이 브린Sergey Brin이 없었어도 인터넷 시대는 도래했을 것이다. 반대로 말하면 페이지와 브린은 필연적으로 혁신했어야 할 분야를 혁신하며 인터넷 시대의 '개척자'가 됐다. 이 책에서 소개하는 다섯 스타트업도 마찬가지다.

토스, 당근마켓, 리멤버, 오늘의집, 런드리고의 솔루션은 의외로 간단하다. 토스는 송금을 포함한 각종 금융 행위의 절차를 간소화했다. 당근마켓은 동네 사람들이 모바일에서 교류할 장을 만들었다. 리멤버는 명함 정보를 받아 구인할 기업에 연결했다. 오늘의집은 사람들이 집 사진을 공유할 곳을 만들고 사진 속 인테리어 소품을 바로 살 수 있게 했다. 런드리고는 밤에 문 앞에 빨래를 걸어두면 다음 날 세탁해서 다시 갖다 준다. 이미 우리 일상에 파고들어 당연하게 느껴지는 이 솔루션들의 공통점은 뭘까? 혁신이 필연적이었음에도 그간 혁신이 이뤄지지 않던 분야라는 점이다. 그리고 대개 이런 영역은 상상을 초월할 정도의 시장 마찰력을 가지고 있다.

많은 스타트업이 개척자를 꿈꾼다. 이들이 문제를 대하는 방법 역시 다양하다. 같은 문제에도 각기 다른 해결 방법이 난립하고 다른 문제에 같은 방법이 쓰이기도 한다. 하나의 프로덕트를 향해 스타트업은 끝없는 가설의 수정과 마일스톤milestone 설정, 과감한 실험과 기민한 피벗을 감내한다. 그래서 모든 스타트업은 매력적이다. 하지만 보상이 담보된 길은 아니다. 뾰족한 솔루션으로 시장에 진입하는 스타트업의 대부분은 쓴맛을 본다. 고객과 호흡하며 성장한 소수는 시장에 안착한다. 디테일의 차이는 어디에 있는가? 새 분야를 개척하고 시장을 점령한 다섯 스타트업은 문제를 진단하는 방법부터 달랐다. 이들은 사용자 경험 자체를 재정의했다.

토스는 8전 9기를 거쳐 고객이 정말로 원하는 것이 무엇일지 집중한 끝에 모든 금융을 원 앱으로 통합하기 위한 여정에 오른다. 당근마켓은 그간 C2C에서 사기 방지를 위해 동원되던 시스템, 수익 확보를 위해 결제 수수료를 받던 관행을 뛰어넘어 이용자가 정말로 원하는 따뜻한 동네 플랫폼으로 남고자 한다. 리멤버는 초기 시장 진입을 위해 무모한 수기 입력을 도입하고 한국 고객의 심리에 집중해 경력직 스카우트라는 시장을 대중화한다. 오늘의집은 대표 스스로가 첫 번째 유저라 자평할 만큼 프로덕트 내 사소한 불편을 모두 제거하며 복잡한 고객 여정을 심리스seamless하게 만든다. 런드리고는 그간 드라이클리닝 등 고객 수요가 일어나던 부분을 넘어 진짜 일상의 숙제인 생활 빨래의 문제를 해결하고자 세계 최대 규모의 스마트 팩토리를 세운다.

'프로덕트 마켓 핏(PMF · Product Market Fit)'은 스타트업의 공통 과제다. 시장이 과열되며 어느 순간 혁신은 제안에서 해결로, 침투에서 파괴로 그 의미가 이동하고 있다. 기존 산업의 약한 고리를 끊어 내고 새로운 가치를 제안하는 수준을 넘어, 사용자가 종국에 어떤 경험을 하게 만들 것인가를 사명감으로 고민한 다섯 스타트업의 이야기가 이 책에 있다. 이들이 문제를 진단하고 시행착오를 거쳐 시장에 진입하고 성장통을 견디며 시장을 점령해 가는 과정을 따라가다 보면 고객 가치에 대한 남다른 관점을 발견할 수 있을 것이다. 혁신은 발명이 아니기에 언제나 문제의 시작과 끝은 사용자에 있다. 이들에게 혁신은 곧 재정의다.

이현구 에디터